JN169372

このままでは日本の国が危ない

―あなたの子・孫の時代を憂う―

横地　日出男

〈推薦のことば〉

日本人の優れた精神性の復活を願って

福岡教育大学名誉教授（剣道範士八段）　角　正武

およそ八年ほど前になりますが、福岡教育大学武道館に著者がお出向きになりましたところ、「打たれ役で結構ですから稽古場に立たせてください」と謙虚に申し出られました。私は「ご高齢ですからご無理をなさらないように」と受諾したものです。ところが、連日若い学生達と一緒になって激しい基本打込み稽古に取り組まれる、その姿に敬服したものです。

本書の刊行を一念発起された心の底には、若年世代に向けた深い教育愛と、日本人の優れた精神性（勤勉性や公徳心など）の復活という強い願いがあったと察せられます。

しかも本書の構成が高等学校三年生の若者達との対談形式で進められており、誠にユニークな発想に思わず一気に読みきってしまいました。その論題に関しても、教育問題・社会問題・政治経済問題などと多岐にわたり、若者達の問題意識をうまく誘導しておられ、興味が尽きません。

折しも選挙権年齢が十八歳に引き下げられた今、若者達の社会への視線を刺激すると同時に、日本社会の将来に向けて保護者を含む大人達への課題提供が豊富にもり込まれており、まさに時宜を得た傑作と申せます。

本書が、さまざまな統計資料とともに、日本人の精神性に影響を及ぼした故事成語を引用して説かれ、改めて日本の伝統をかみしめ、精神文化の伝承に強い動機づけをしていることを付言して、皆様に推奨致します。

〈推薦のことば〉

次代を担う若者たちを、明日の日本への思索に誘う

福岡県中学校退職校長会　会長　城　後　武　史

二十一世紀の現代は「三化現象」が顕著な時代と言われている。「三化現象」とは、「情報化・国際化・少子高齢化」のことである。特に、このなかで情報化は社会のあらゆる面で浸透し、デジタル化等により新しい社会構造を生み出している。

こうした時代に、今後の日本を背負う若人達の生き方を通して、現代日本が抱えている諸問題について考えることは大変意義のあることである。

本書は、日本の抱えている様々な課題について、若者達の討論形式を通して

考えていくなかで、著者である横地先生がその豊富な知識と経験を基調として解説するのを軸としているところに特色がある。

特に明治以降の近代日本が構築してきた日本固有の伝統や文化、そして、世界のどの国にも負けない道徳的倫理観について時代の変化に関係なく、永久の不易な価値として将来の日本国民が受け継いでいくことを提唱してしていることは、同世代を歩んできた者として大いに共感できる。

選挙権を得た十八歳以上の多くの若者達が本書を精読し、現代の日本が抱えている諸課題について推考し、さらに将来の日本の在り方について思索する一助になれば幸いである。

（平成二十八年八月盛夏）

はじめに

この本を書こうと思った動機は、選挙権の拡大への動きが、世界の潮流として生じている中で、我が国でもやっと平成二十八（二〇一六）年夏の参議院選挙から選挙権が、現行の二〇歳から一八歳に引き下げられることになったからである。

そこで、引き下げ施行後、初の一八歳有権者に該当する現高校三年生に、次世代の若者が日本の現状や問題点を見出そうと努力する中で、如何なる思索をしているか、その一端でも知ることが出来ればと思う一念から集まっていただき、いろいろ討論してもらった。

そこで日本の情勢について、教育・社会・政治・経済などの面から語っていただき、将来への展望を見据えることとした。現在の我が国の実情は、あまりにも問題点が多すぎると思われる上、話の内容も多岐・多様に亘るので、今回の集会日程が一日では終了しないものと考え、高校生諸君が考えていること、また、現在疑問に思っていることなどを、事前に質問用紙に記入してもらい提出していただき、論点を予め整理させていただいたものである。

本書では、著者本人が司会者として登場するが、それは話題の内容によっては問題検討のための諸資料を通して、説明が可能になると同時に、高校生からも学び取る点も出て来ることもあろうかと考えられたからである。したがって、年代の差を乗り越え、高校生諸君ともどもに会の進行を進めていった次第である。

討議を通じて痛切に感じたことは、現代の高校生が感じている日本の問題点は、将来への不安感のみではなく、今をどう変えるのかという痛烈な批判であり、若干私が結論を申し上げるのはおこがましいが、『国家百年の大計は人づくりにあり』に尽きるということであった。そこで、この本の題名を『このままでは日本の国が危ない―あなたの子・孫の時代を憂う―』とさせていただいた。

なかには、愚問愚答であるかと思われる件も出てくるかもしれぬが、お許し願いたい。諸資料については出来るだけ正確さに努めたつもりである。賢明な読者諸氏のご意見、ご批判ご叱責なりをお願いしながら、今後の筆者の学習の一助にしたい考えである。話題で俎上にあがった問題によっては、その一部を割愛したものもあることをご了承いただきたい。以上が本書を書き始めた理由である。

平成二十八年七月

元公立中学校長　**横地　日出男**

目次

第一章　教育勅語の中のある特定部分の思想が、現代の荒廃を救う

これからの「日本人」へ

平成二十八年春、四月とはいえ、まだ肌寒さが感じられる日、平成二十七年に改正された公職選挙法により、現有権者の年齢が、二十歳から十八歳に引き下げられた。選挙権が拡大されたのを受けて、ここ東京都世田谷区のある閑静な住宅地の一角に、次世代を担う、十八歳の高校生に集まっていただいた。各人がそれぞれの立場から、現在、日本が抱えている問題を、政治・経済・社会・教育等の面から一言ずつ述べてもらった。

社会科教師**横地**が司会を兼ねて質疑を受ける中から、助言や解説を加えながら、話題を進行することにした。尚、記録者として彼らより十歳年上の先輩にお願いした。

横地　先ず原田君、君は現在、社会で一番問題となっていることは何だと思いますか。

原田　私は今、有名校を目指す受験戦争が、ますますそのはげしさを増して、学歴社会が加速していることを問題だと感じています。福沢諭吉先生の書「学問のすゝめ」にあるように、勉強が成功したか否かでその後の人生の大半が決定すると言っても、過言ではないと感じています。

横地　では、他の人達はどう思っていますか。

立川　私は犯罪の低年齢化と、人心の荒廃とともに自己中心的な考え方をする人が増加しているのではないかと思っています。

松永　私も犯罪の低年齢化が問題だと思います。

稲田　親孝行とか、他人のために何をなすべきか、世のため、人のために、という志を持ち、いくらかでも、慈善事業・ボランティア・寄付等している人がどれほどいるのかどうかということも気になります。

池田　私は現在の日本の政治の在り方に問題ありと見ています。
山田　そうですね、私も政治のあり方に問題があると思います。
横地　ほう、大きな問題提起ですね。この問題は後程時間をかけてゆっくり話し合ってみたいと思います。他にはどうでしょう。
北条　経済政策が大企業中心主義で、中小企業への配慮が、今一つ充分とは言えないのではないかと感じています。
横地　たしか、君の家の家業は、鉄鋼関係の事業を営んでいますね。家庭内でそんな政治的な面からの話題が出てくることがありますか。
北条　はい。事業といっても従業員100数名の小企業で「ネジ屋」です。祖父の時代は金属加工中心でしたが、ベンチャー企業として、父と従業員で考察した「緩まないネジ」を生産しています。とくに景気が下向傾向にある時や不況時ほど、多く話題に上ります。
内田　私は、言論の自由と言いながら、平気で他人の人権を侵害する例が多く見受けられる事が心配です。例えば、いじめ、虐待など、枚挙にいとまがありません。

前田　やはり政治がすべての原点です。志あっても資金がないため、選挙に被選挙人としてうって出ることすら出来ない人が、どれ程いることでしょうか。

本多　国会議員をはじめ地方行政も含めた代議士のその選出のあり方にも問題があるのでしょうか。

横地　そうですね。では、最後に本日の紅一点で、才媛といわれる脇坂さん。貴女は、女性の立場から見た場合、どのような考えをお持ちですか。

脇坂　戦後、たしかに女性の地位は向上し、社会的進出の機会は多くはなってきていますが、欧米諸国に比べれば、まだまだ低いということです。とくに、社会をリードすべき管理職への登用率が低すぎるのではないかと感じています。

横地　なるほど。皆さん達の意見を大約すれば、政治・経済・社会・教育等のジャンルに分類でき、多岐に亘っていて、その解決のためには、多くの時間と経費が伴うことが予想されます。しかしながら、次世代を担う皆さん達の努力によって、少しずつでも解決への何らかの道筋が、必ず見えてくるものと信じています。

そこで立川君、先ずあなたが言っている犯罪の低年齢化、人心の荒廃は、どうしてそのようになったか、考えてみたことがありますか。

立　川　僕は毎日の授業と部活のためにそう深く考えたことはありませんが、何らかの対策や打つ手を講ずるべきだとは思っています。もしよろしければ、本日の司会の横地先生のお考えを拝聴したいと思います。皆さん方いかがでしょうか。

（異口同音に「賛成、賛成」との声があがる）

横　地　皆さんもそう思われるのでしたら一応、人生の先輩として、私の経験したことなどを踏まえながら、話してみましょう。

人心の荒廃の発端についてお話ししたいと思います。一九四五（昭和二十）年、日本が第二次世界大戦（太平洋戦争）に敗れ、一旦は四等国になり下がりました。連合国の指導のもとに制定された日本国憲法を始め、民主化の美名のもとで軍国主義を追放すべく、財閥解体、封建制度の温床として存在する農村の民主化、すなわち農地改革や労働者の地位向上のための労働組合の結成、及び教育改革が指令されるなど、短期間に多くの歴史的・社会的変動を経たことは皆さんも学んできましたね。

アメリカを中心とした連合国が東洋思想を軽視し、超国家主義的教育を禁止し、修身、日本史、地理の授業を停止させ、あまつさえ教科書では、戦争に関する語句を墨で黒く塗りつぶさせて授業を行わせたという歴史もあります。

第二次大戦中は、「この戦争は国を挙げた総力戦である。絶対に勝つ」と学校で教えられていました。終戦直前まで、戦況が不利になっても「日本は神国だから、文永の役（1274年）と弘安の役（1281年）の蒙古来襲の時のように、神風が吹き、敵を撃退して、必ず勝つ」と刷り込まれていました。日本が敗れ、小学生の私達は、先生から教科書を墨で黒く塗りつぶすように言われた時、当時五年生の私は涙が出て仕方がありませんでした。なぜかわかりませんが、日本が勝つことを強く教えられていたからでしょうか。

しかしながら、日本国民は持ち前の勤勉さと、旺盛な貯蓄心・手先の器用さで、一九五〇年から一九五三年にかけての朝鮮戦争による特需景気をきっかけとして、日本経済を急速に回復させました。その後もこの日本人の勤勉さと高学力、旺盛な貯蓄心の三本柱で戦後復興を果たし、一九六〇年代にはアメリカに次ぐ、世界第二位の経済大国といわれるまでに国力が充実してきました。

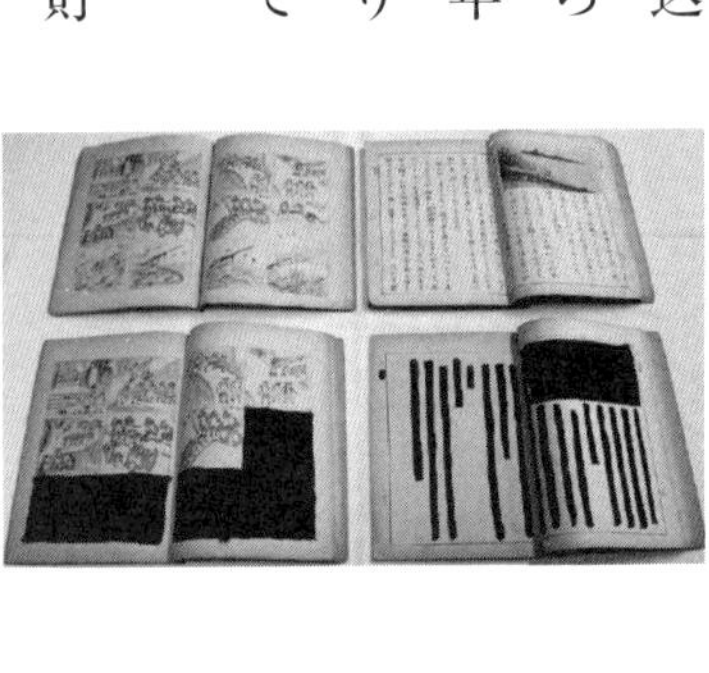

だがしかし、人心はどうでしょうか。戦後は、物資不足の中で、その日の食

にすらありつけず、満足に食べるにはほど遠く、栄養失調で倒れた人も数えきれないほどいました。今では考えられませんが、米はおろか、麦さえ食べることが出来ない状況のなか、水田にいるイナゴ（バッタの一種）を焼いて食べるのが日常のあり様でした。「欲しがりません。勝つまでは」という戦時中の教えがあり、ガマン我慢の連続でした。そんな現実の中にあって、他人の事より、先ず自分の生きる事が先決と考えるのは、不義な事でしょうか。誰がそれをきびしく追及出来ましょうか。

学校では徳育としての道徳教育は行われていませんでした。故事「史記」[註①]に「衣食足りて礼節を知る」、「倉廩《そうりん》実ちて礼節を知り、衣食足りて栄辱を知る」とあります様に、その日その日を安寧に憂いなく暮らせれば、自然と礼節を知るものです。暮らしが成立しなければ、人心の育成はあり得ません。

道徳教育の充実が叫ばれるようになったのは、確か一九七五（昭和五十）年末頃からだと記憶しています。

東洋思想（特に孔孟の教え）、儒教は長きに亘って仏教思想とともに日本社会に深く根づいてきました。それが敗戦と共に排除されたが故に戦前の教育の善い面が行われなくなり、人心は荒廃の一途を辿るようになってきたものと思われます。

特に、一八九〇（明治二十三）年十月に発布された「教育勅語」は完全に否定されました。教育勅語の文中「父母に孝に兄弟に友に、夫婦相和し、朋友相信じ、恭倹己を持し、博愛衆に及ぼし、学を修め、業を習い、徳器を成就し、進んで公益を広め、世務を開き、常に国憲を重んじ、国法に遵《したが》い」までは

教育勅語

朕惟《チンオモ》フニ、我《ワ》カ皇祖皇宗《コウソコウソウ》、国《クニ》ヲ肇《ハジ》ムルコト宏遠《コウエン》ニ、徳《トク》ヲ樹《タ》ツルコト深厚《シンコウ》ナリ。我《ワ》カ臣民《シンミン》、克《ヨ》ク忠《チュウ》ニ、克《ヨ》ク孝《コウ》ニ、億兆心《オクチョウココロ》ヲ一《イツ》ニシテ、世々《ヨヨ》厥《ソ》ノ美《ビ》ヲ済《ナ》セルハ、此《コ》レ我《ワ》カ国体《コクタイ》ノ精華《セイカ》ニシテ、教育《キョウイク》ノ淵源亦実《エンゲンマタジツ》ニ此《ココ》ニ存《ソン》ス。爾《ナンジ》臣民《シンミン》、父母《フボ》ニ孝《コウ》ニ、兄弟《ケイテイ》ニ友《ユウ》ニ、夫婦相和《フウフアイワ》シ、朋友相信《ホウユウアイシン》シ、恭倹己《キョウケンオノ》レヲ持《ジ》シ、博愛衆《ハクアイシュウ》ニ及《オヨ》ホシ、学《ガク》ヲ修《オサ》メ、業《ギョウ》ヲ習《ナラ》ヒ、以《モッ》テ智能《チノウ》ヲ啓発《ケイハツ》シ、徳器《トクキ》ヲ成就《ジョウジュ》シ、進《スス》ンテ公益《コウエキ》ヲ広《ヒロ》メ、世務《セイム》ヲ開《ヒラ》キ、常《ツネ》ニ国憲《コクケン》ヲ重《オモン》シ、国法《コクホウ》ニ遵《シタガ》ヒ、一旦緩急《イッタンカンキュウ》アレハ、義《ギ》勇公《ユウコウ》ニ奉《ホウ》シ、以《モッ》テ天壌無窮《テンジョウムキュウ》ノ皇運《コウウン》ヲ扶翼《フヨク》スヘシ。是《カク》ノ如《ゴト》キハ、独《ヒト》リ朕《チン》カ忠良《チュウリョウ》ノ臣民《シンミン》タルノミナラス、又以《マタモッ》テ爾祖先《ナンジソセン》ノ遺風《イフウ》ヲ顕彰《ケンショウ》スルニ足《タ》ラン。斯《コ》ノ道《ミチ》ハ実《ジツ》ニ我《ワ》カ皇祖皇宗《コウソコウソウ》ノ遺訓《イクン》ニシテ、子孫《シソン》臣民《シンミン》ノ倶《トモ》ニ遵守《ジュンシュ》スヘキ所《トコロ》、之《コレ》ヲ古今《ココン》ニ通《ツウ》シテ謬《アヤマ》ラス、之《コレ》ヲ中外《チュウガイ》ニ施《ホドコ》シテ悖《モト》ラス。朕爾臣民《チンナンジシンミン》ト倶《トモ》ニ、拳拳服膺《ケンケンフクヨウ》シテ、咸其徳《ミナソノトク》ヲ一《イツ》ニセンコトヲ庶幾《コイネガ》フ。

明治二十三年十月三十日

御名《ギョメイ》御璽《ギョジ》

何とすばらしい語句でありましょうか。それにかわり学校教育は、「教育基本法」・「学校教育法」・「学習指導要領」が中心にすえられ、公布されたことは皆さんもご承知のことと思います。

腐敗したリンゴでも、腐っていない部分を取り出して有効に活用すれば、酵素となるものです。家庭では、捨てればゴミ、分別すれば資源と言われるのと同じ理屈です。

この教育勅語の一節こそ現在の日本社会で最重要視し、教育の場に取り入れられてしかるべきだと思います。

「父母に孝に」は、具体的には「よく父母に仕えること、父母を大切にすること（広辞苑より）」とありますが、一言で言えば「父母に、己れの言語行動において不必要な心配を掛けないことを意味し、とくに孝行を云々する必要はない」ということかと思います。

「兄弟に友に」は、戦前戦後を通しての人口自然増の中で「生めよふやせよ」

といわれた時代を反映しているのでしょう。当時、兄弟・姉妹は、一家族五～六名はあたり前の時代でした。兄弟姉妹の中で、最年長と末子との年齢差が十歳を越えているということも、ざらにありました。年長者は年下の者を庇護し、時には子守りをしながら通学する子供も、昭和初期までは見かけられたと聞いています。「長幼の序」が生きていたと思います。年下の者は年上の者の言動に従って行動していたものです。

「夫婦相和し」では昭和二十年代までは、婚姻は、親兄弟、親族のすすめで一般的には「見合い」が行われ、恋愛結婚はあるにはあったようですが、例えば、親が許さない時など二人で「かけ落ち」をして世帯を持つ人もありました。縁あって、めでたく結婚した両者は、時間をかけて、ゆっくりとお互いに努力し、愛を育て、夫が妻を一歩リードする形で「夫唱婦随」という中で家庭生活が営まれていました。

現在ではしばしば耳にする、フィーリングが合ったということで結婚し、新婚旅行で海外旅行には行ったものの、帰国するや否や成田離婚と言う例とは、雲泥の差があります。

さらに、「朋友相信じ」では、自分の友は絶対にお互いの言動を信頼し合い、友情を保つことを説いています。

朋友相信じ

横　地　一例を挙げれば、私の育った環境は九州の片田舎ですが、当時としてはめずらしく、わら葺きではなく二階建てで瓦葺きの屋根を持つ農家でした。家の周りは樹木におおわれ、その中の柿の大木が家のすぐ近くにありました。
少年の頃、夜な夜な悪童たちが、その樹をよじ登ってきて、二階の窓より、家人に気付かれないようにして入り、夜遅くまで将棋をさしたり、トランプをしたり、時には大人向けのハレンチな小説を持ち込んで廻し読んだこともありました。

そこで起こった出来事について、翌日、家人から尋ねられても「知らぬ、存ぜぬ」の一言で友を庇い、どんな些細なやり取りにあっても、その中から友としてお互いの信頼を育んだものでした。

一方、学校では、始業式には必ず校長先生が、奉拝殿[注②]より、取り出していた「教育勅語」をうやうやしく白い手袋を着けて持ち、壇上より厳かに「朕惟《ちんおも》ウニ我ガ皇祖皇宗……」と読み上げるのが通例でした。確か、私が五年生の時だったと思います。校長先生の訓示中、大柄な私は列の後方に並んでいたので、皆に聞こえないと思い「朕がぷっと屁をひって爾臣民《なんじ》臭かろう」と言ったのが聞こえてしまったものだから、これは事件です。後方を見廻っていた教師が、それを聞きつけて、「貴様何たる不敬な奴だ、ちょっと来い」といって講堂（今の体育館）よりつまみ出され、顔から火が出る程殴られたことがありました。家に帰るなり母親から、「その顔どうしたん、喧嘩でもしたの」と尋ねられましたが、「先生から殴られた」とは口がさけても言えません。もし、その理由がばれたら「お前が悪いから殴られたのよ」と言われるので、「いやちょっと」と言ってお茶を濁すのが精一杯でした。その後は急いで友人宅に遊びに行くような悪童振りでした。

「いたずら」や「悪ふざけ」はするが、他人を困らせるようなことはしない、その点は、現在の大人も含めた「いじめ」や陰質な「いやがらせ」とは対照的でした。これも当時の徳育のお陰でしょうか。とにかく、現在より、物質的には恵まれてはいませんでしたが、精神的には一本心のしんが通っていたと思います。

こんなこともありました。教室の入り口の扉の上方にチョークの粉がいっぱいついた黒板消しを挟んでおいて、先生が扉を開けると上方より落ちて、先生の顔から洋服まで、まっ白になってしまいました。

先生は「コラーッ、誰だ、こんな事をした奴は！　出て来い、前へ出ろ」とまっ赤な顔でどなって、とても授業どころのさわぎではありません。しかし、当然、誰も前に出る級友はいません。約四、五分の間、沈黙の時が経過しました。当時、私たちは「義なきは勇なきなり」と教えられていましたので、私は実行者ではありませんでしたが、誰も出ないので、このままでは授業はおろか、いつまでも「気を付け」の姿勢を続けていなければなりませんから、一学級四十五名の代表として、「僕です」と言って前に出ました。

「横地、お前か、うそだろう。学級長のお前がこんな事をしたとは信じられんちがうな」

「いえ本当に私です。誠に申し訳ありませんでした」

「バカヤローそこへ直れ」

と言って拳骨《げんこつ》（鉄拳制裁）を顎《あご》に一発もらったことがありました。

後刻、級友を前に「俺が代表で叱られたのでこの件は終わった」と言って、

真犯人探しはしなかったと記憶しております。後年、成人後の同窓会の席上、級友の一人が、

「あの事件の犯人は俺でした」

と名のりをあげました。また同窓会に招待していた、担任の先生の考えも、

「横地がしたことではないとわかっていたが、あの場面は、あんな風にして収めるしか仕方がなかった」

と述懐されました。

友人の汚名を勇気をもって晴らすべく名乗り出ることは、困難であったと思われます。敢えて人の罪をかぶるということは、中々むずかしいことです。しかし、このちょっとしたいたずら事件も級友達からは支持されたと思われます。

教育勅語に戻りましょう。

「恭倹己《きょうけん》を持し」は、人に対して恭々しく、自分の行動には最後まで責任を持つべきことを説いています。

「博愛衆に」というのは、皆のために、人のために善行をすることだと思います。今で言う無償の愛、ボランティア精神を指すと考えられます。

ところが、他者に思いを馳せる「仁」の心は、いつの間にか少なくなり、自己中心的な考え方が蔓延しているのが今の世情です。

今こそ、東洋思想の[註③]「仁、義、礼、智、信」の真の意味を道徳授業の中で学ばせる必要があります。この語の持つ意味を真剣に考えさせ、他者に思いを馳せ、自分のした行為に対し、責任を持たせなければならないと思います。

他者から感謝された時こそ、真に幸福だと感じさせる教育が施されなければなりません。

太平洋戦争当時、私は、まだ小学生でしたので、難かしい言葉など解ろうはずはありません。

教育勅語については、先生から「天皇は神様です。現人神《アラヒトガミ》＝（天皇）からの有り難い言葉ですから、気を付けの姿勢（直立不動）でよく聞いておくように」と教えられていました。

しかし、何しろ小学生の私達にとっては、どんな意味か詳《くわ》しいことは解りません。

校長先生の勅語読みたるや、いつものことながら面白くも、おかしくもありません。とにかく、退屈な時間であったことは頭に残っています。

そこで起こったのが、あの講堂での「教育勅語事件（朕がプット屁を……）」でした。ただ、今、改めてひとつひとつの言葉を解釈してみると、現代にも通じる、含蓄のあるものだということがわかります。

物質文明の豊かさと、お金さえ出せば何でも買える今日の社会では、名ばかりでない、「真の道徳教育」が実施されるべきです。

文部科学省は平成26年度より全国に配布した、かつての「心のノート」を改訂した「私たちの道徳」などを中心に道徳教育を推進していますが、この「ノート」を配布したことだけで道徳教育が全うされるとは、到底考えられません。読んだり書いたりしただけでは道徳心は育たないと思います。

具体的には、現実に照らし、一人一人がいかに行動すべきか、お互いに小集団で対論する機会を設定し、考えさせる授業が展開されなければなりません。生きて働く授業の展開が求められるべきです。

このような授業方法も考慮されてしかるべきではないかと思う次第です。是非、道徳授業のあり方を再考して欲しいものです。


解説が若干長くなりましたが、次に内田君・立川君・松永君・稲田君の意見を聞かせて下さい。

学校や社会でいじめの問題がマスコミに取りあげられていますが、内田君、君はなぜ「いじめ」や虐待の問題が起こっていると思いますか。

内田　私が現在まで育てられた中でそのような経験はありませんが、よく被害者は加害者にもなると言われています。また、「鉄は熱いうちに打て」とか、「三つ児の魂は百迄」と言われるように小さい時の経験が下地になっていることも考えられます。私は父母から、小さい時、悪いことをした時は、話して聞かせてもわからない時でしたから、叩かれて育てられ（叱られ）、やがて大きくなったら話し相手として育てられました。

たしかに物心のつかない小児に対し話したり、言って聞かせたりしても解らないから、理屈がわからない段階にあって、しかし重要な事項である場合は、体で覚えさせるのも大切なことだと思います。特に社会規範に反する行為などには厳しく対応すべきだとして私は育てられてきたように思います。

横　地　たしかにそう言った子育ても考えられます。各家庭の親の考え方で子供を躾る方法は違ってはいますが、最近のマスメディアの報道の仕方はどうでしょうか。やれ虐待だとか、いじめだとか体罰だとか、報道されることもありますが、事実はどうでしょうか。

なかには、やや誇大に報道された場合もあるやに聞いたことがあります。週刊誌などは「売らんかな」的商業主義で、面白おかしく記事にしている時があります。私達購読者はマスコミの言うことを鵜呑みにしないで、取捨選択して考えることが大切です。

ただ多少、「体で覚えさせる」ことの手法的な問題点もあると思われる例が見受けられるのは誠に残念なことです。物心がつき学齢期に入ると、話をして言って聞かせ、自我の芽生える思春期には相談相手になって充分に子供たちの意見を尊重しながら育てれば、問題行動を起こす子は育たないと思います。

数年前、高学歴の東大生が親を殺す事件が発生しました。

これは家庭内に何らかの問題点があったまま子育てした結果でしょう。親の考えを押しつけたり、子供の要望と相容れなかったりした結果ではないでしょうか。

原因があるからこそ結果があるのです。いわゆる仏教思想の「因果応報」ということでしょうか。では、立川君はどうかな。

立川　僕は凶悪な犯罪や反社会的な行為が低年齢化し、学校でも平気で級友を刃物で刺したり、盗みやいじめなど、人権を無視した行動が増加していることは憂うべきことだと感じています。

内田　立川君と全く同感です。要は心の教育が社会全体に行われていないのだと思います。

資本主義経済社会では、生産性の向上が重視され、利益中心主義と申しましょうか。利潤の追求が重点に考えられている傾向があります。

社会教育、学校教育、企業内教育の予算配分率を増加すれば、もっと心の教育が充実するのではないかと思います。この点については行政との関連もありますので、政治的解決策が模索されるべきだと考えています。

松永　前の二人の発言とほぼ同様に感じています。今こそ声を大にして、ゆとりの教育の中で徳育がさらに充実されることを願うばかりです。

稲田　私も同じように考えています。

教育とは何か

横地　今まで皆さん達の意見の中で、子育てや教育のあり方について話していただきましたが、ここで私の方から「教育」とは何か、その原点に立ちかえって話してみたいと思います。

教育の「教」は、教える者と習う者とのまじわりの意味を持ち、「ならう、おしえるの交互の作用を指す」（新選漢和辞典・小学館）とされています。それを「子と父とが交わる」と私は解釈しています。また「育」の字は、女性が子どもを生む様子を象《かたちど》ったものであり、そして、語意としては「うむ、はぐくむの意味を表す」（漢語林）と記載してあります。即ち、元来「教育」とは、家庭という場で父母がその子を人間として成長させるための基礎づくりをするということであると思っています。

「啐啄同時《そったく》註④」という言葉がありますが、その時、その場の状況に応じて、適切な判断を下し、ケースバイケースで対応していかなければなりません。「親」という字は分解すると「木の上に立って見る」と書きます。親は、常に大所・高所の観点から我が子の成長を見守っているものです。しかし、子供が人間として成長していく過程で、何か間違った言動があれば、厳しく諭し教え育てることが大切です。人生の重大な場面、ターニングポイントがどこにあるかを忘れてはなりません。

また、最近「ママゴン」とか、「モンスターペアレンツ」という語が市井に氾濫していますが、本来ならばあるべき相互の信頼関係が欠けているからこそ、生じた言葉だと思っています。親は人から「この親にしてこの子あり、よく育てましたね」と言われるような親であって欲しいものです。そうすれば親の人間性も生きてきます。

親は学校の教師を信頼し、教師は教育のプロとしての自覚をもち常日頃の研鑽の上に立って、その職を全うすべきであることは、言を待つまでもありません。

家庭と学校、地域社会の三者が、それぞれの立場から教育の役割を果たして行くことが大切です。

そこで、20世紀末に家庭と学校の連携が理想的に行われた一例を挙げてみたいと思います。

たしか、世界的な植物学の第一人者と言われた牧野富太郎先生でしたか、ある時、我が子が学校から帰宅するや否や、「父さん、今日先生からお父さんが専門にしている植物について話がありました。大変面白く聞いてきました」と言って、その授業の話をしました。実際に先生が教えた内容は、専門的な立場から言えば誤った判断によるもので、それを生徒たちに話したものでした。

その話を子供から聞いた牧野先生は、ただ、「そうか、それはよかったね。しっかり勉強するんだよ」と話したというのです。

後刻牧野先生は、学校の理科の授業で指導した教師に直接電話連絡をして、「その植物の真実はこうですから、是非先生の口から間違いだったことを話し、そして『正しくはこれこれしかじかです』と訂正して欲しいのですが」と伝えたということです。当時、家庭では子供の前で学校や先生を批判するようなことはありませんでした。

理科の授業をした先生は、生徒を前に「私の勉強不足で前の授業で話した事は間違っていました。先生も人間です。本当にごめんね」と謝ったということです。先生の人間性までもが感じられる話です。

さしずめ現在であれば、父母と教師が学力的には同等の関係にあり、保護者の立場も強くなっているので、「母さんが明日、学校に『嘘を教えるなんてけしからん、どうしてくれる』と怒鳴り込んで、校長先生からちゃんとした回答をしてもらって来る」と子供の前で言うことでしょう。現代では、親の立場や権威を子供に示して育てています。これでは立派な子供は育ちません。

これら、「ママゴン」や「モンスターペアレンツ」の子供達はどう育つのでしょうか。真に可愛想な限りです。このような家庭では他人を思いやる心や「惻隠の情」などは決して育たないと思います。重複しますが、どうか良い意味で「この親にしてこの子あり」と言われる立派な親であって欲しいものです。

但し、教師側にも次のような点が指摘されています。

問題行動を起こした生徒を本当に改心させ、善導出来る教師は、自分の職を賭してでも努力したものです。私の先輩の中にはそういう方が多く見受けられました。時には今で言う「体罰」も行われ、一部の教師の中には感情にかられてそうした「指導」を行う者もいました。しかし、そのような指導は決してあってはならないし、当然非難されてしかるべきです。

昔から「罪を憎んで人を憎まず」と言われます。ですが、もし体罰でもしようものなら父母やマスコミから叩かれ、あまつさえ教師を指導する立場の教育委員会でさえ、事実調査をして教師のとった行動に同情はしても、体面上処分せざるを得ないのが現実です。

教師の処分には分限・懲戒などがあります。最も重いものは懲戒免職であり、退職金すら支払われずに失職します。一般的な処分には訓告、戒告、減給、停職等があり、それぞれケースバイケースで決定されます。もし仮に三ケ月減給ともなればボーナスも減額され、直接自分の生活に影響があります。それも一時的なものではなく、昇給との関係でその職に止まる限り、一生涯（定年退職するまで）続きます。

教師の中にはそこまで自分を犠牲にしてリスクを負い努力する必要はあるまいと考え、生徒達に対し、いわゆる「触らぬ神に崇りなし」と及び腰で、見て見ぬふりをして教壇に立って処理している者が何と多いことでしょう。

これでは本当の教育は出来ません。知識を授けるだけではダメなのです。

毎日子供達と部活動などを通して身体をふれ合わせ、「生きて働く学力」を身につけさせるのが大切だと思います。一九六〇（昭和三十五）年池田内閣のもとで所得倍増計画が発表され、大企業を中心とした労働者達の待遇は大幅に改善されたのですが、教師達の待遇改善は不充分で、生活は一向によくなりませんでした。

当時、教師は「デモ・シカ」[註⑤]先生と言われ、世間一般の人々からは低い給与所得のためか軽視され、学校行事（体育祭・文化祭等）では、保護者から金一封を戴き、その一部が先生達の慰労に使われることが通例のようでした。

「先生と言われる程のバカでなし」と言われたのもこの頃のことです。

一九七〇年代に入り、「国家百年の大計は人づくりにあり」との信念で教師の待遇改善と教育環境の充実に努めた、時の首相故田中角栄は、本当に先見の明のある政治家であったと思います。今、田中角栄の政治論が再認識されつつあるのも、むべなるかなと感じます。「国家百年の大計は人づくりにあり」との思いから当時、教員の給与を一般の公務員より優遇する対策が必要と考えたわけです。当時優秀な人材が企業に流れている傾向を是正しようと、優れた人材の確保と義務教育の教育水準向上に努める目的で、一九七四（昭和四十九）年二月特別措置法として、人材確保法案を成立させるのに力を尽されました。一九五〇年代末、私の給与は二万二千百円でしたが、人材確保法の成立後はわずか四年間で約二倍の四万六千七百円に上昇しました。

これにより教員の社会的地位はやや向上したものと思われます。

世の中は人・物・金で動いています。資本主義経済社会では、富の配分がやや一部に偏っている状況で、富める者はますます豊かに、貧しい者はますますみじめな生活を営まざるを得ない経済格差の状態が続いています。今こそ、人間教育（人づくり）の中からお互いに相手を思いやる「仁」の心を育てる努力がなされるべきだと思います。富の適切な再配分が社会保障制度のさらに充実した中で実施されれば、荒廃した人心の改善にも少しは役立つものと思います。

ここまで東洋思想の大切さを話してきましたが、最後に、日本の思想にも少しふれておきましょう。七十年前に連合国が禁止した、武道（柔剣道）が、今ではどうでしょうか、欧米諸国はもちろん世界各国が日本の伝統である文化芸術の美を再認識し、学びはじめています。

特に武士道は「The soul of Japan」として今、アメリカでそれに関連した書籍などがベストセラーになっていると聞き及んでいます。日本人はアジア、否、世界のリーダーとしてあるべきだと感じているのは私一人のみならず、有識者にも幾多いるものと思います。

要は、国づくりの基本は人づくりにあるのです。そのための一つの方策として、これからの国の発展は、教育予算の配分率如何に関ってくるものと思われます。

隣国、韓国をはじめ、中国、台湾などでは教育重視政策が取られ、国をあげて「日本に追いつけ、日本を追い越せ」の合言葉をもとに努力してきました。韓国での文教予算は一般会計の中で約14・5%を占めていますが、日本ではわずか5・3%で先進国の中では最低です。もうすでに学力では日本を追い越している分野もあるとの報告がなされています。

日本を代表する東大生ですら外国人の彼らに色んな面で及ばない点があるとのことです。世界の大学ランキングにおいて、現在では東大は一位から七位に低下、京都大学に至っては13位と報告されています。

今こそ、国策の重点施策として教育施策を政治的に考慮していかなければ本当に日本の将来が危惧されます。

教育施策はボクシングで言うならばボディブローです。強烈な顔面パンチ力（数量で表現出来る分野や経済政策など）には即効性の面で劣りますが、時間の経過とともに効果が出てきて、着実に勝利を収めることが出来るのです。

教育効果は数字では表現出来ないものなのです。

先人の山本五十六でしたが、その言葉にある如く、教育者は、「やってみせて、言って聞かせて、させてみて、誉めてやらねば人は動かじ」を実践していく中で、それぞれの個性に合った良い点を引き出すように努力する必要があります。他人の欠点はよく見えるものですが、良い点はなかなか捉えにくいものです。

自からも伸びようとする教師でなければ、人を教える権利はありません。叱るだけでは、人間誰だって成長しないと思います。時には誉め殺しの手法も必要です。

さらに文教政策の面から言えば、文部官僚が机上で理論的に方法論を押しつけ、現実にそぐわない点も時には見受けられます。文部官僚は年に少なくとも二、三度は教育現場に出かけ、実態を把握した上で教科教育面に生かす様に努力して欲しいものです。

第二章　選挙制度の実態と選挙権年齢引き下げで何ができるか

投票前に知っておきたい、今の日本

横　地　今まで戦後の教育と人づくりについて、話をして参りましたが、やはりこの問題は、最終的には行政との関わりなしには考えられません。

そこで、これから先の話題として、今の政治について疑問点や、こうすべきではないかという意見がありましたら、聞かせて欲しいのですが、池田君は冒頭で「日本の政治の在り方に問題がある」と言っていましたが、具体的な事例から述べて下さい。

池　田　私は政治の出発点は選挙制度にあると思います。立憲法治主義の日本では国民の代表者による代議制がとられています。しかし、現実には選挙そのものにお金がかかりすぎているのではないかと感じています。また、現行の投票方法では人物そのものを選ぶか、政党を選ぶかで判断が変わってきます。

横地　では、あなたは人物本位で投票しますか、それとも政党を選びますか。

池田　正直なところ、人物本位にすべきか、はたまた政党にすべきか、ジレンマに陥っています。立候補者が個人的には立派な公約を掲げていても、現実には党利党略に従わざるを得ない場合があるからです。

実際に投票する場合は人物、識見などをよく調査した上で投票したいと考えています。しかし、現実の投票では姻籍や知人、友人等から頼まれたり、彼等のすすめで投票する人が多いのではないかと思います。その傾向はとくに因習的な地方の農漁村などに多く見受けられると感じています。これからの日本の政治をよくするためには、私達次世代の若者達の運動が必要だと思っています。

山田　私も池田君と同じように考えています。今年から有権者になった私達は選挙制度を含めて投票前の調査や学習が大切だと思っています。

横地　前田君、選挙権の拡大とともに被選挙権の年齢は現在衆議院25歳以上、参議院30歳以上ですが、これを引き下げようとする動きがありますが、これについて君の考えはどうですか。

前田　最初に申しました通り、政治に関心を持ち、国政是正の志を持った若者が立候補したくても、資金がないことが問題です。衆議院の場合、供託金が現行では300万円ほど必要ですし、選挙運動費としての上限は2500万円だそうです。ですから、いくら出馬したくても、よほどの資産家でなければだめだと思います。このことは親・子・孫といった世襲議員が多いことの理由の一つではないでしょうか。

公認候補となって政党助成金の中から一部助成されたとしても、少なくとも自己資金が2000万円は必要でしょう。ですから、被選挙権の年齢が引き下げられても、次世代の若年層の立候補は決して増加しないと思います。

横地　本多君も地方議会及び首長選のあり方を述べたのでしたね。やはり供託金を含めた選挙のことですか。

本多　はい、国政はもちろん、地方行政においても選挙そのものにお金がかかりすぎると思います。
横地　選挙運動では、たしかに経費がかかりますが、皆さんは必要経費の内訳を調べてみたことはありますか。
本多　選挙資金の使いみちについて項目ごとに調べてみたことはありません。先生、選挙管理委員会に届け出る費用の項目には、どんなものがあるのですか。
横地　そうですね、事務所の借り上げ費、政策を訴えるパンフレット費、ハガキ代、その他印刷費、運動員の食事代、レンタカー代等々が挙げられますが、候補者によって若干異なるようです。
前田　先生、候補者は多額の選挙資金を使って立候補する訳ですが、衆議院議員の場合、年間所得はどのくらいでしょうか。
横地　衆議院議員の場合、二〇一五（平成二十七）年五月から月額129万4000円と、さらに文書・通信、交通滞在費として月額100万円が加算されます。加えて期末手当、いわゆるボーナスが年間591万345円ほど歳費として支給されます。

しがたって、年間収入は、ざっと見積もっても3340万円になります。だから当選しさえすれば、選挙資金は一年間で回収出来る訳です。たしかに議員さん達の日常業務は多忙で大変だと思いますが、私達一般庶民から見れば高収入になるので、立候補者も多くなるのではないかと私は感じています。

本　多　先生、現行の税制は累進加税制度を採用していますが、国会議員の歳費は、極端に言えば70万円程度まで年々減額するような法案は検討されないものでしょうか。

横　地　自分の年収が減額されるのは誰だっていやなんでしょうね。国会でその法案が出されても、全会一致とはいかないようです。近年では平成24年に12・88%の減額が決定し、その後20%減になり、現行の129万4000円になっているようです。

本　多　先生が以前話されていた中国の故事[註⑥]「先ず隗より始めよ」でしょうか、議員自らが率先して自分たちの歳費を減額すれば、国民の方でも消費税率の引き上げに異論を唱える人が少しは減るかも知れないと思いますが、どうでしょうか。

さらに言わせてもらえば、国会議員数も多すぎます。人口３億２０００万人のアメリカ合衆国ですら上院１００名、下院４３５名、合計５３５名です。人口がアメリカの約１／３の日本は衆議院が小選挙区、比例代表合わせて４８０人、参議院が２４２人、合計７２２名になっています。任期中に欠員が出たとしてもやはり多いと思いませんか。日本の方が人口が少ないのに議員数は、アメリカより１８７名も多いんですよ！　最近は〇増五減とか六減とかが議論されていますが、取るに足らない数だと思います。思いきった議員削減法の成立が必要だと思います。

政治家の役割

横地　そうですね、政治家は自ら襟を正して、国民のための政治に力を入れなければなりません。巷で言われているような、政治家でなく「政治屋」になり下がっている議員さんもいるようですが、これからの日本は、真に国民のための政治がなされるべきだと思います。

昨今、国民（民心）は政治に愛想を尽かし、国政及び地方行政の選挙となると投票率は低下の一途です。直近では衆参両院とも53％弱の投票率です。これは欧米諸国の平均65％をはるかに下まわっています。これでは立派な政治は行われません。私達国民が、常に政治のあり方に関心を持ち投票に行こうと努力することが大切だと思います。議員数及び歳費について、極端に言えば現在の歳費を半減すれば立候補者は増加するのでしょうか。むしろ減少するでしょう。

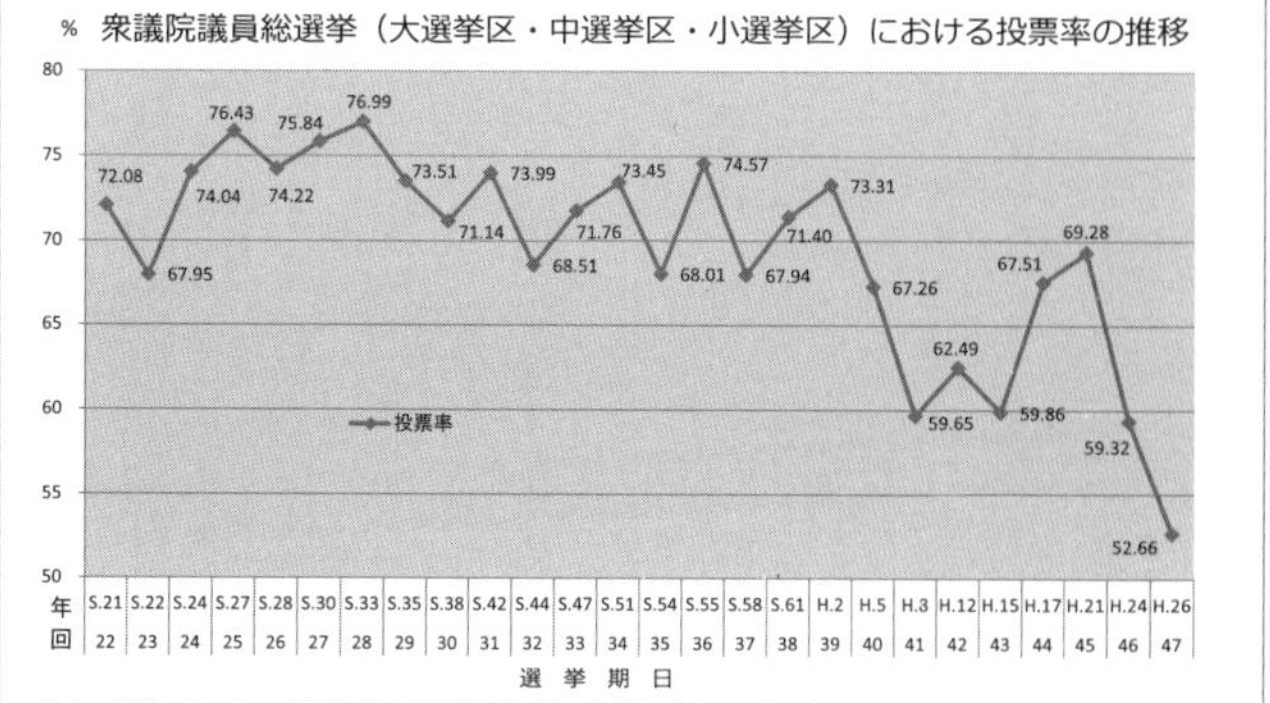

注１　昭和３８年は、投票時間が２時間延長され、午後８時までであった。
注２　昭和５５年及び昭和６１年は衆参同日選挙であった。
注３　平成８年より、小選挙区比例代表並立制が導入された。
注４　平成１２年より、投票時間が２時間延長になり、午後８時までとなった。
注５　平成１７年より、期日前投票制度が導入された。

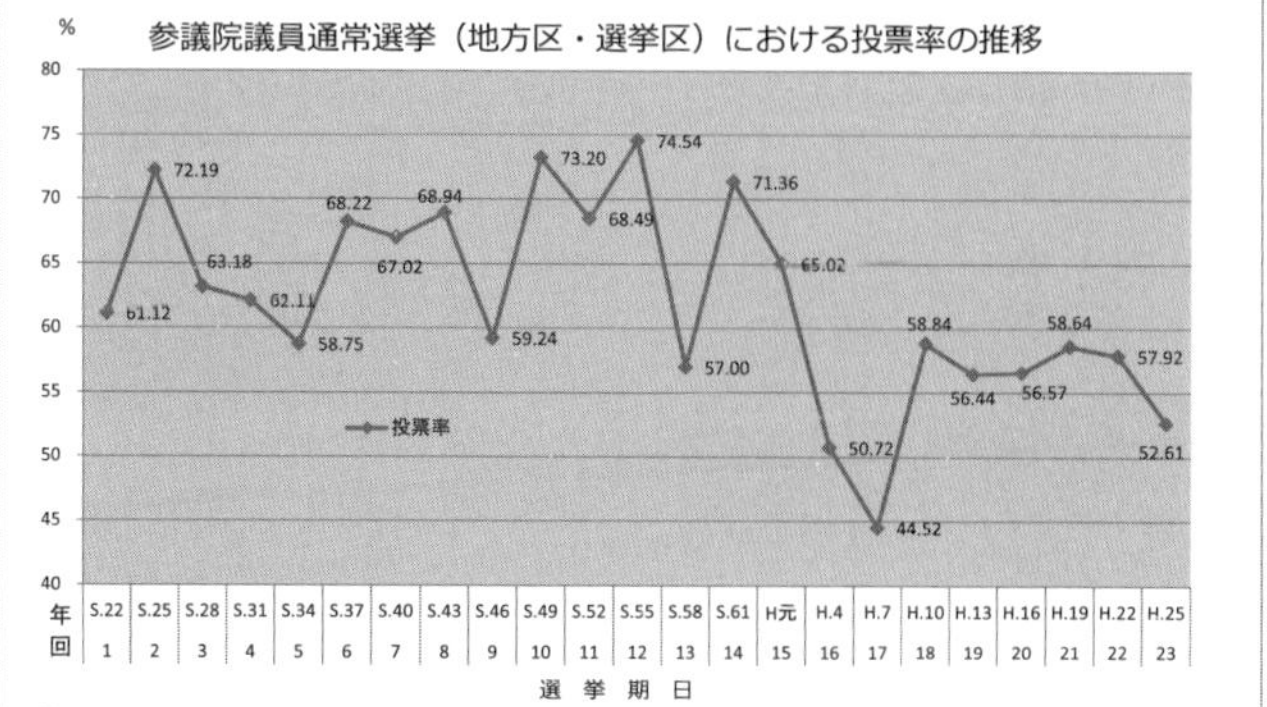

注１　昭和４９年は、投票時間が１時間延長され、午後７時までであった。
注２　昭和５５年及び昭和６１年は衆参同日選挙であった。
注３　昭和５８年より、拘束名簿式比例代表制が導入された。
注４　平成１０年より、投票時間が２時間延長になり、午後８時までとなった。
注５　平成１３年に、比例代表制が非拘束名簿式に変更された。
注６　平成１６年より、期日前投票制度が導入された。

国政選挙における投票率の推移（総務省HPより）

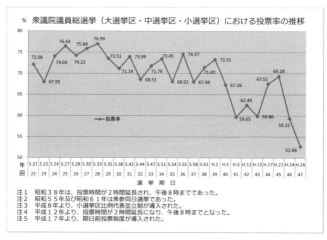

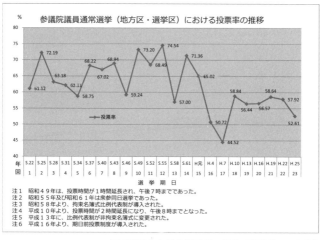

議員さん達の日常の政治活動は大変多忙であり、それに伴う経費は少なくありません。だから歳費もそれ相当の働きに準じて支給されるべきでしょう。一度国会議員に選出されれば国会開催中にも拘わらず、審議に参加せず本会議場で堂々と居眠りしている議員すらいる有様です。これでは血税泥棒と言われても仕方ないと思います。

ですから、歳費削減を含めた歳費の累年的減額案が起草されることには全く賛成ですね。

真に国を憂い、現在の国政を改善しようと考えている議員さんもいるはずです。ですが、現実は派閥間の争いや政争に明け暮れている始末です。全く隔靴掻痒たる思いがします。

心から日本の政治に関心を持ち国政改革（改善）を考えての立候補者が増加すれば、世界に冠たる日本国になるはずです。

本来の日本人は、もっとも賢明なはずです。一人でも多くの国民が国政を憂い、安心して生計が営まれる日を信じ、国政に関心を持てば、投票率も自然に向上すると思います。政府も投票率向上の一環として、本年度より有権者の年齢を18歳に引き下げましたが、この動きは世界の潮流ともいえます。投票率向上の為には、現在の選挙制度の改正に取り組むことも大切です。その一例として、投票時間の延長も考えられます。若年層の中には政治に関心は持っていても投票に行かない人々が多いといわれています。また、投票した人には何らかの経済的なメリットを与える施策が実現できないものかとも思います。そうすれば自然と投票率は上がってくるでしょうね。

選挙制度については一朝一夕には変革は難しいと思いますが、議員定数の削減をはじめ、徐々に改革しなければならない点が多数存在するのは事実です。三権分立制ではありますが、皮肉なことに司法から指摘されるようではどうかと思います。

これらを含めてこれからの社会は若い皆さん達の双肩にかかっているといっ

ても過言ではないと思います。常に政治に関しては内政や外交政策に関心をもち続けて欲しいものです。皆さんはどう思いますか？

脇坂　私は有権者になった以上、何が何でも絶対に『棄権だけはしない』決意を持ち続けることが大切だと思っています。

横地　ところで、最近憲法改正の問題が話題になっているようですが、脇坂さん、貴女は女性の立場からこの問題はどう捉えていますか。

脇坂　憲法改正は一国の根幹に関わる問題です。

日本国憲法制定から70年を経た今は、当初は軍国主義の復活を恐れた連合国GHQが中心で日本側に押しつけた憲法だと言われてきましたが、たしかに日本国民の総意とはいえないと思います。

70年間も改正の動きがない国は世界の主な国々では見当たらないようです。アメリカを例にとれば、１７８７年最初に制定されて以来、27ヵ条の追補という形で18回も改正されているそうです。

世界の潮流から考えてみても、改正問題の検討は時宜を得ているのではないかと思います。

特に国際情勢を考えてみた場合、第九条の改正は当然避けて通れない項目ですが、私は、現憲法がドイツのワイマール憲法と共に世界で最も民主的な憲法だと言われて来たことから、現憲法を大切に思う気持ちはあります。

でも、戦後70年を経た今日、世界の動きの中で見直す時期はきているのではないかとも思っています。

ですから、改正するとなると第九条のみでなく国民の権利、義務を含めた全条項を逐一学習していく中で、どの条項をどう改正または補正すべきか、国会で発議する以前に国民がこぞって検討し、地方出身議員を通して訴えていく必要があると考えています。

特に国家財政については規制を設けるべきだと思います。しかし、憲法改正といっても一筋縄では出来ない様です。憲法96条にありますように、たとえ衆院で三分の二以上の賛成を得て発議出来たとしても、参院で三分の一、つまり81人の反対があれば発議出来ないようになっています。特にねじれ国会（参院で野党勢が与党より多い場合）ではこのような事態が起こる確率が高いといえます。

横地　なるほど、憲法改正の動きの潮流の中で皆さんは、それぞれの考えに多少の差はあると思います。現実の問題として世論の高まりと共に、避けて通れない面が

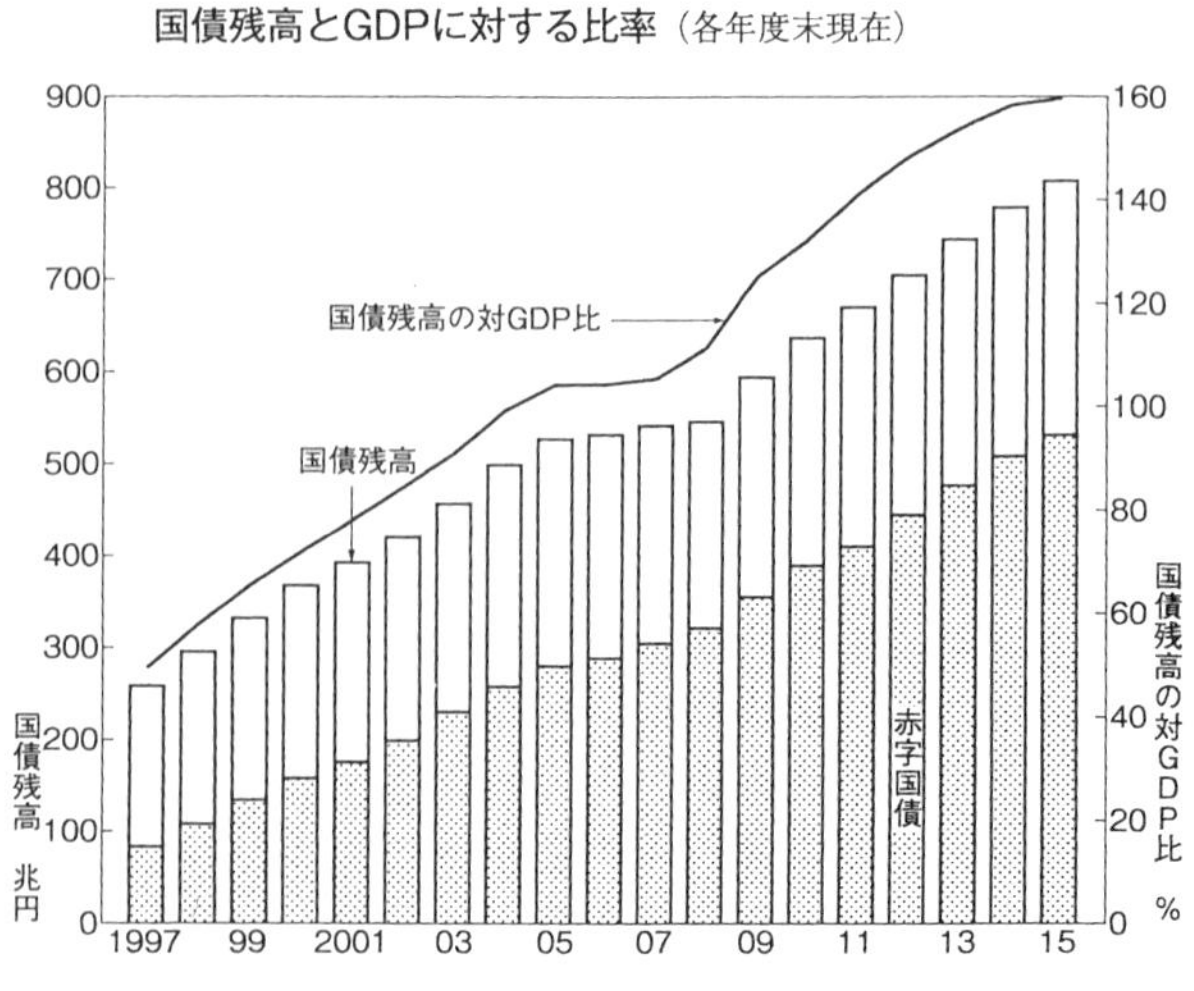

資料は下表に同じ。2014年度は実績見込み，2015年度は見込み。

2016年版『日本国勢図会』より

出てくるのではないかと思われます。今からでも遅くありません。自分の考えを集約しておく必要がありますね。次世代の皆さんに期待しています。

特に現憲法では国家財政に関する条項が見当たりません。二〇一六年、わが国の借金は、累計して１０６２兆円になると見込まれています。私達一人一人が約８３７万円を借金していることになります。わが国の借金は実に国家予算の10年分以上です。先進国の中でこのような国があるでしょうか。現在わが国は少子高齢化社会であり、歴代内閣が借金を先送りにした結果がこうなったのです。このままでは皆さん達次世代の人たちの負担は増加の一途で、将来受けるべき年金もどうなるか解りません。誠に憂うべき大問題です。退職後老後の生活設計する上からも今からしっかりと考えておく必要があります。最悪のシナリオは国民年金の破綻につながりかねません。憲法改正が行われる時は是非とも財政関連の条項を追加しておかねばならないと私は思っています。

働く女性とそのフォロー

横　地　脇坂さん、貴女は女性としての立場から見た場合、他に政治的に解決すべき問題としてどんなことを期待しますか。女性の社会的立場や労働力問題をはじめ、育児などの問題もあると思いますが。

脇　坂　最初に申し上げました通り、女性の社会的地位や、職場でのパワーハラスメントとか、セクシャルハラスメントなどで、責任ある地位につける女性の率が低いことです。

国会議員の例をあげますと、女性の比率は現在衆議院が４７３名中45名（９％強）参議院が２４２名中38名（15％強）で、スウェーデン65％に比べると圧倒的に低い割合です。二〇一五年度通常国会では、女性が安心して出産出来る環境が充分に整備されていないことや、出産後に職場復帰したくても保育所が少なく、待機児童解消が不充分であることなどが取り上げられ、早急に対応する方向で議論がなされていました。

毎日新聞は「中央省庁でも女性の登用について政府は、女性活躍推進法を二〇一六年四月一日より施行し、中央省庁は二〇二〇年度末の女性管理職の数値目標などを盛り込んだ行動計画を公表しました。政府の全体目標は、本省の課長、室長に占める女性の割合を現在の3・5％から7％に拡大すること、10人に一人にも満たないとはいえ、7％は『めいっぱい見積もった数字』とも言われている。達成の鍵を握るのが、意欲のある女性の育成支援と、伝統的な『霞が関』の長時間労働の改革だ」と報じています。現状では消費者庁の16・7％が最高で内閣法制局に至っては0％です。地方行政についていえば政府数値を超えている県は4都県で、地方によってバラつきが出ているようです。

女性活躍推進法が、10年間の時限立法とはいえ成立し、二〇一六年四月一日より施行されたことは大変意義のあることだと思います。これは女性労働力の増加によりＧＤＰが４％引き上げられるというＩＭＦ（国際通貨基金）の指摘で成立したものだそうです。わが国の経済成長の観点から、アベノミクスの一環として実現したものだと思います。しかし、この法案は従業員３０１名以上の大企業が対象で、３００人以下の企業については努力目標であって、法に違反しても罰則の規定はないので、ある意味では「ザル法」と言われても仕方がないのではないかと思います。

横地　企業内保育所が一定規模以上の企業や病院、美容院などで設置される数が多くなりつつありますが、まだまだ全国的に見れば不足しています。これも行政面から取り組まねばならない問題でしょう。いわゆる母親の「子連れ出勤」が可能になる企業が増加すれば、待機児童の解消への足がかりになると思います。

一九九九年、男女雇用機会均等法の施行により女性の社会的進出が増加し、正規雇用でなくてもパートタイムやアルバイトの形態で働く人たちが多くなりました。

日本では終身雇用型労働として男性が中心でしたが、現在では女性がその一端を担う労働力として補ってきています。しかし、職務上の責任ある立場としての役割が、多くても10％前後といわれています。

第190回通常国会で安倍総理は、「企業により多少違いはあるが、30％ぐらいまで引き上げることを目標にしている」と回答しています。しかしながら企業によっては、女性を責任ある立場（課長、部長）に登用しても家庭持ちの母親である限り、わが子の急病等のしらせがあった場合、会議中でも中途退席しなければならないなどがあるため、やや消極的な面があるのは事実のようです。

少子高齢化社会で労働力の不足は、これからも増加の一途を辿るのは必至のことだと思います。その不足分を補う手段として外国人労働者の雇用も考えられますが、外国人労働力の投入は、場当たり的で、国力全体の観点から見ても好ましいものとは思えません。やはり、不足分は女性の労働力に頼らねばならないでしょう。その点からも女性の正規雇用と責任ある地位への登用が必要だと思います。今後は、どんな事情が起こってもいつでもフォロー出来る体制づくりの中から、女性管理職の起用が必要になって来ると思います。

さて、次に山田君、あなたが言っていた「政治に問題あり」とはどのようなことでしょうか。

山田　政治とカネの問題です。選挙をはじめ、政治を行うには「多くの資金が必要だ」と言われていますが、私たち国民は税がどのように使われているかはっきりとは知りません。先生、一般会計や特別会計は明白に発表されていますが、政党に対する交付金（政党助成金）も交付されていると聞いたことがあります。具体的にはどんなことでしょうか。教えて下さい。

横地　「政党助成金」とは、戦後、好景気のもとで企業・団体・労働組合などが政治家と癒着したことによる政治献金競争のような悪影響を断ち切ることで、政党の政治活動の健全な発達及び促進を目的として、一九九四年に成立した制度です。国民一人当たり年250円を税の中から拠出し、年間約370億円が、各政党の議席数及び投票数に応じて配分されるものです。国会議員一人当たり約4687万円になります。

他人ごとではなく、赤ちゃんから君たち一人一人に至るまで、年間250円が税として納めた中から支出されているんですよ。

一九九五年から二〇〇四年までの10年間に主な政党が受け取った額は、自民党がダントツで1470億円、以下、民主619億円、社民266億円、公明211億円です。

これらの助成金については政治献金と共に年度末に政治資金収支報告書を作成して提出することになっています。

しかし、現実には企業献金が全く無くなった訳ではありません。企業からは年間上限5000万円、個人からは5万円迄認められています。献金と助成金の二重取りはあって欲しくありませんね。

ところで、脇坂さんがいわれていた、日本の労働力の確保と働く女性の環境整備のためにも、子供を出産した後、安心して保育を任せられる施設（保育園）の整備が急務となっています。この問題について現安倍内閣は二〇二〇年迄には対策を実現したいと国会答弁しています。そうなれば、女性の社会進出と管理職登用の割合も増加するでしょう。でも保育所問題が解消されても、そこで働く保育士の雇用条件が改善されない限り、魅力ある職場とはいえず、有能な人材は集まらないでしょう。因みに保育士の一般的な初任給は16～17万円で、その中から雇用保険や他の社会保険料約2～3万円を控除すれば、手取りは月額13～14万円で、他産業従事者より低いのが現状です。

ですから、情熱をもって一度は就職しても、離職率は高くなります。特に私立の保育園では公立に比べてやめる人が多いようです。

安倍総理は「ベテラン保育士の厚遇と保育人材の確保を目指し、二〇一七年

一般会計歳出の主要経費別割合の変化（会計年度）

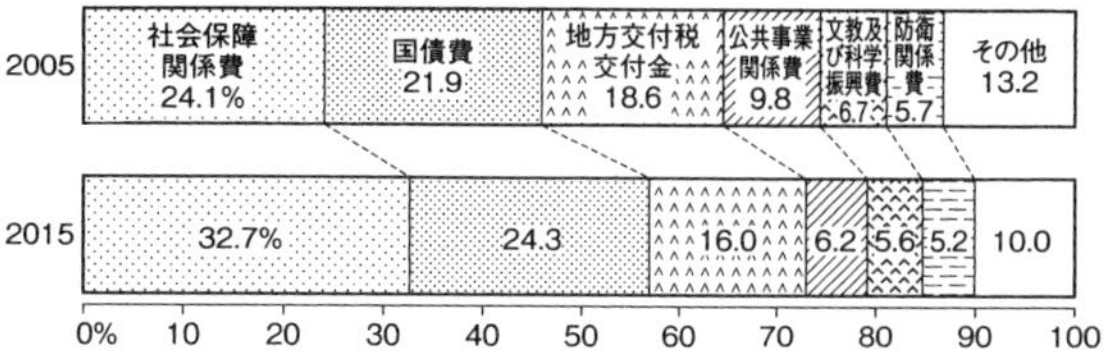

財務省「財政統計」および同「2014年度予算及び財政投融資計画の説明」による。2005年度は決算で，2015年度は予算案。

一般会計歳入の主要科目別割合の変化（会計年度）

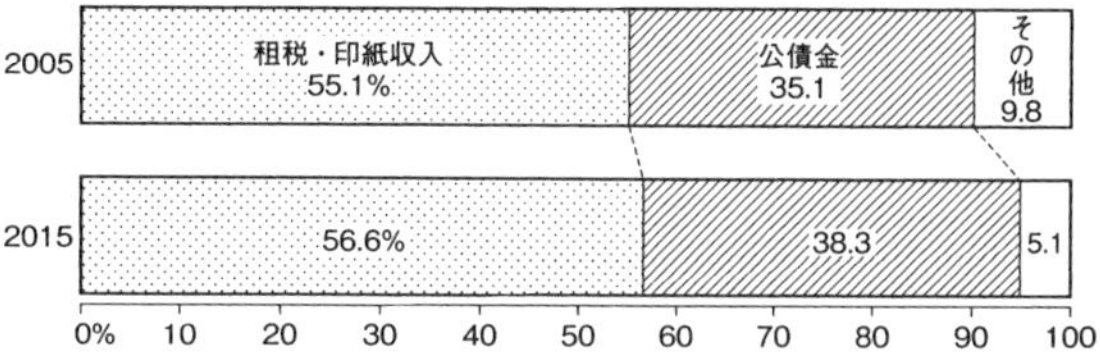

資料，脚注とも上図に同じ。

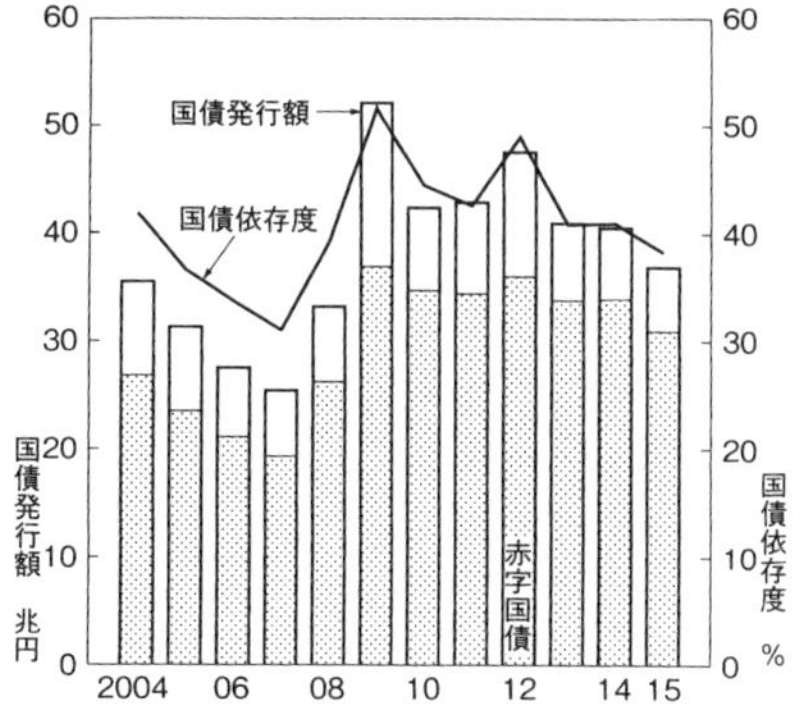

財務省「一般会計公債発行額の推移」による。実績。2014年度は補正後予算，2015年度は予算案。

2016年版『日本国勢図会』より

度から一億総活躍国民会議で保育士と介護士については競合他産業との賃金差がなくなるよう処遇改善を行う」と指示し、その為の財源2000億を確保すると明言しています。勤続10年以上のベテラン保育士は月額7万円を増額しその他の保育士や介護士にも配慮していくとのことです。

国債の問題と国家財政

横　地　次に山田君、あなたが現在、政治上で問題と思っていることがあれば、言って下さい。

山　田　内政や外交政策については問題点が多くありますが、早急に解決しなければならない点は、第一に国家財政だと思います。

横　地　国債関係は、先進国中最悪の状況で、その負債総額は国の一般会計の約15年分に相当します。二〇一六年度の一般会計の税収は、約58兆円です。

国債残高は、838兆円あります。これは、国民一人当たりにすると664万円です。4人家族ですと約2652万円相当分を、国が国民に借金していることになります。

脇坂　先生、それだけ借金があるのに、なぜ新たに国債を発行し続けるのでしょうか。その理由は何でしょうか。説明をお願いします。

横地　歴代政府が発行し続けた国債ですが、今、その利息の支払いや返済のために、額は若干少なくなっても、やはり発行せざるを得ないのです。今年度の予算の約1／4は国債費になっていますので、国が実際に国民のための社会保障費や社会福祉などに使用する必要経費は、国家予算の3／4のみになります。ですから、新規国債発行分が増加すればする程、後年、国民へのサービスは低下することになります。

仮に国債を発行しないとなれば、減額予算のため国民の反感が高まり、政権維持が困難となるでしょう。予算の1／4は国債費です。その中には利息及び償還費が含まれています。ですから、国際的にも信頼を保つためには、国債を発行しなければならないのです。

日本国債に対する諸外国の信頼が下がれば、外国人が日本国債を買わなくなることはもちろん、外資が日本から資金を引き上げられることになりかねません。

この国債発行や東日本大震災復興特別会計などは、将来の世代まで負担をかけるものになるはずです。

山田　先生、私達が将来成人し、数十年間就労してから職をリタイヤした後の年金はどうなるのでしょうか。父母の言うには、現在でも年々、年金受給額が減少しているそうですが、四十年、五十年後の社会保障制度として年金で生涯生活が維持出来るでしょうか。

横地　皆さん達の将来の年金制度について、厚生労働省は、年金制度の維持を一応考慮しているようです。具体的な話をしましょう。

二〇一三年日本の総人口一億２７３３万人のうち65歳以上の人々が３１９７万人います。この人々を生産年齢人口で割ると約２、３人になります。現在は65歳以上の人一人に対し２、３人で支えているわけです。充分とはいえませんが年金制度が設定され、実施されているのは間違いありません。それが、将来はどうなるでしょうか。厚生労働省の説明では資料から判断しても、前途が案じられます（下図「日本の人口ピラミッドの変化」参照）。

現在65歳から69歳までのいわゆる団塊

日本の人口ピラミッドの変化

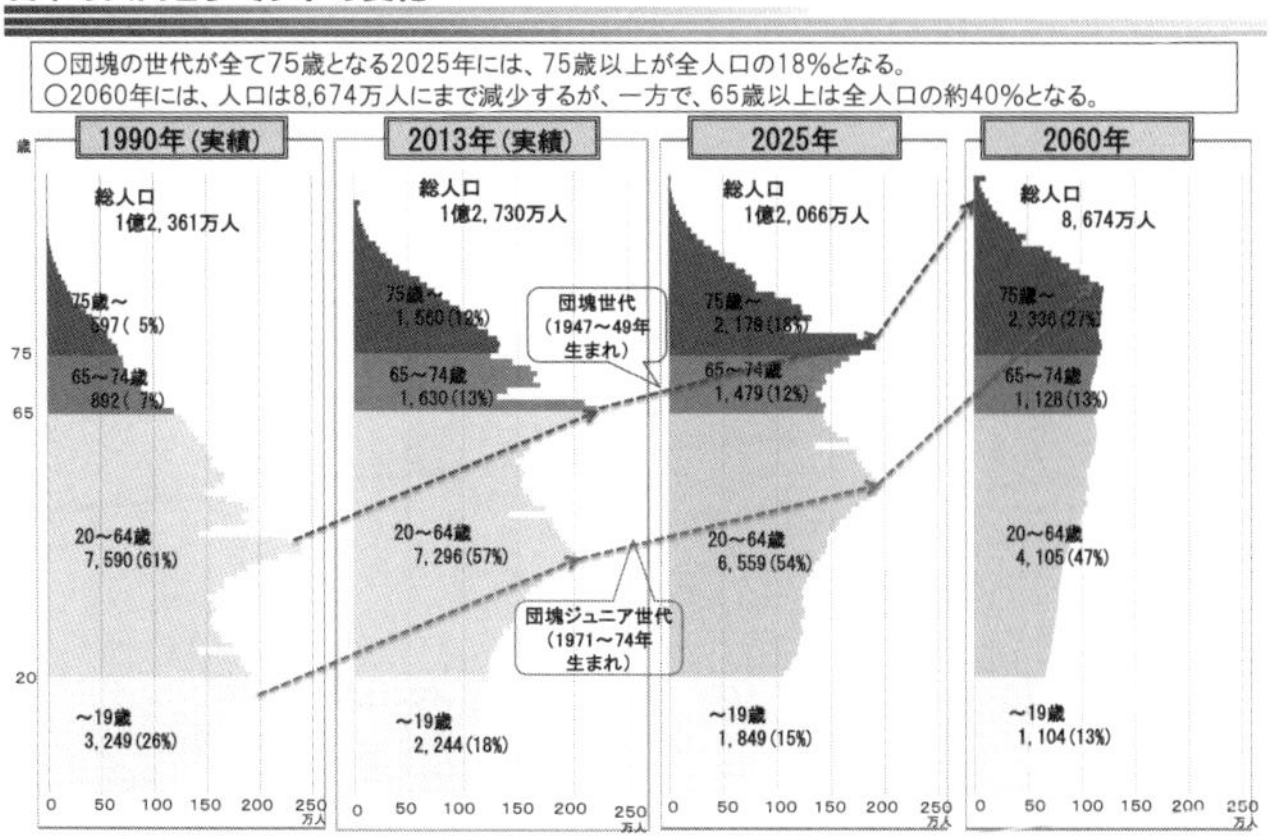

（出所）総務省「国勢調査」及び「人口推計」、国立社会保障・人口問題研究所「日本の将来推計人口（平成24年１月推計）：出生中位・死亡中位推計」（各年10月１日現在人口）

の世代555万人、第二次ベビーブーム世代（51歳〜54歳）772万人、これらを考慮してみると、二〇二五年は65歳以上3657万人、二〇〇六年発表された新人口推計によれば、二〇五五年には生産年齢人口1・8人が65歳以上の高齢者一人を支えなければならないといいます。これは大変なことです。

65歳以上の高齢者一人を二人に満たない人たちで支えなければ、社会保障制度が維持出来ないとは全く先が思いやられます。ですから、政府がその対策として考えているのが、女子の職域への参加と、65歳以上の人でも働く意志と能力のある人に就職斡旋を図ることだとしています。それに先立っては恐らく、社会保障費全額の増税等が考えられると思います。

日本は、先進国の中で国債発行残高が一番多いのです。国債の購入者は、外資系企業だけでなく個人もいますが、大部分が国内の企業と個人になっています。

もし、このまま国債残高増加への歯止めがかからなければどうなるでしょうか。

歴史的に見た場合、第二次大戦後には物資の不足の中で猛烈なインフレーションが起こっていました。時の幣原《しではら》内閣はどんな手を打ってこのインフレを抑えたのでしょうか。

米国からのガリオア[註⑦]・エロア資金に依存したことは言うまでもなく、金融面では1946年金融緊急措置令を出して預金封鎖という方策を実施しました。

本　多　先生、具体的にはどのような手段を用いたのですか。

横　地　具体的には時の権力者（政府）が国民一世帯に500円までしか現金を使用出来ないように、金融機関から「シール」を発行させ、それを旧券に貼付して使用させせることや、新円切り替え策を強行し、富裕層には財産の90%を税として徴収し、インフレを収めたという歴史があります。

将来、現実の国債残0を目指す政権が出現すれば、同様な強権を発動し、国債を紙くず同然にすることも考えられ

シールが貼布された紙幣

ます。

　対外的な対策を考慮して、内政面では実施への手だてを政権として模索することになることも考えられます。

　国債の返還はしないで利払いのみにして売買禁止ということも考えられます。国債を所有している国民にとっては、「泣きっ面《つら》に蜂」の状況に陥りかねません。まさに泣くに泣けない状況です。そうなれば、国内の金融市場に大変動が起こり、金融不安の社会現象が起こりかねません。政府としては、それだけは避けなければならないでしょう。

　一九四六年二月十七日幣原内閣は、第二次大戦後の物資不足の中で戦中よりの戦費の紙幣残などによる極端なインフレ対策として預金封鎖を実施しました。具体的には金融緊急措置令をはじめ、日銀券預入令や、さらに財

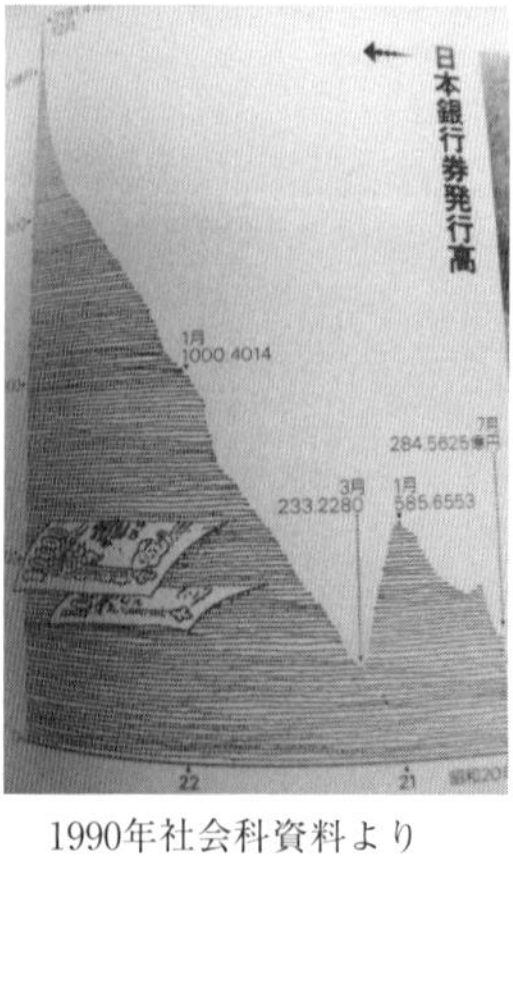

1990年社会科資料より

産調査令の発令であり、三月二日をもって旧日銀券の流通を廃止させ、手持ちの旧円はすべて一度銀行へ預け入れさせ新円と交換する、新円は100円と10円の2種類だけで、払い戻し額は一カ月に世帯主300円、家族一人につき100円、給与の現金支いは500円までとする、というものでした。

一ケ月500円生活が強制され、日銀券の発行残高が二月十八日の618億から三月十二日の152億に激減したように、一時的にはインフレが抑制されました。しかしインフレの進行はなかなか止まらず、年末には933億円へと増加してきました。その理由として考えられるのが、占領軍の政策や生産再開、食糧買い入れの資金には特例を認め、新円の発行を続行したことです。

当時インフレーションは紙幣の増発による物価の騰貴を意味しました。しかし、終戦直後は物資不足の中で紙幣を発行することにより、企業を中心に生産活動を促進するために必要とされた訳です。

私の記憶では、学校行事で、一月一日（元旦）と紀元節、入学式、卒業式、天皇誕生日などには出校しなければなりませんでした。

当時、子供の私達にとっての唯一の楽しみは、全校生徒に一月一日に限り、紅白の饅頭が配られて、帰途にそれが食べられることでした。しかし、翌昭和十七年（１９４２）元旦からは、この饅頭の配布も、ストップになりました。

太平洋戦争に突入し、「欲しがりません勝つまでは」という合言葉のもとに、質素倹約の気運が強化されはじめました。

日本は、一部の軍国主義者の指導のもとに暗雲の時代に突入したのです。成人男子はもちろん、大学生ですら戦争の犠牲になりました。人命の尊さも何もあったものではありません。いかにして人を殺すかの教育がなされた訳です。

戦後七十年、世界中で言語・宗教・人種・民族などの違いによる戦争は、局地的に今も続いています。大変悲しいことです。

戦争の起こる原因として考えられるのは、

①独裁者の野望（それが政治的であれ領土拡大を目指したものであれ）
②宗教上の争い
③領土の拡大の野望

などが挙げられますが、いつの日にかこの地球上に永久平和が訪れるよう、一日も早くその日が来ることを希求してやみません。

歴史的に見た場合、わが国では、16世紀末に圧倒的権力をもった豊臣、さらに徳川氏が他者を従えて統一をなし、それにより国内の平和が成しとげられました。

全人類にも平和な生活を営める社会の実現が早く訪れる日が望まれます。

今後絶対にあってはならないことですが、万一、地球以外、または異次元からの侵入者が地球支配を企てて、この緑と水、豊かな地球へ侵入するようなことになるまでに、地球上から争いはなくならないのでしょうか。その時に地球人が一つになっても遅きに失すると思われます。

既に、20世紀末から地球上の各地にはＵＦＯが、多数侵入しているとの報告が相次いでなされています。特にアメリカや中南米諸国では多く発見されているようです。

これからの私達地球人は、小さなことや局地的なものに拘わらず、全地球上を対象としたグローバルなものの考えをすべきだと私は思っていますが、どうでしょうか。

今、眼を宇宙に向けると、米・ソ・日などによる宇宙ステーションが設置されています。地球外太陽系惑星の研究も共同参画して進められています。そこから全世界の人類救済への道が開けてくるものと思われます。

ＵＦＯ問題にしても、その形、大きさ、速度などの研究は進んでいるようですが、地球外の宇宙から鳥瞰《ちょうかん》的にこれからの地球についての協同研究を行っていく必要があるように思います。それは現世代の人々の意欲的研究や努力はもちろんのことですが、皆さん達の若い世代にも期待しなければならない面が多くあると感じています。

国家ビジョンとして教育科学面での予算の増加と人材の育成が大切になってきます。

以前にも話題に上りましたが、発展途上国は人づくり、すなわち国づくりとしての国家予算拡大を図りつつありますが、わが国では世界の潮流に逆行するかの如く、歳費中に占める文教及び科学振興費の割合は減少しています。誠に憂うべきことだと思います。

本　多　皆さんの話をお聞きしたところ、だいたい次の五点に問題が集約出来るかと思います。
①憲法改正の問題

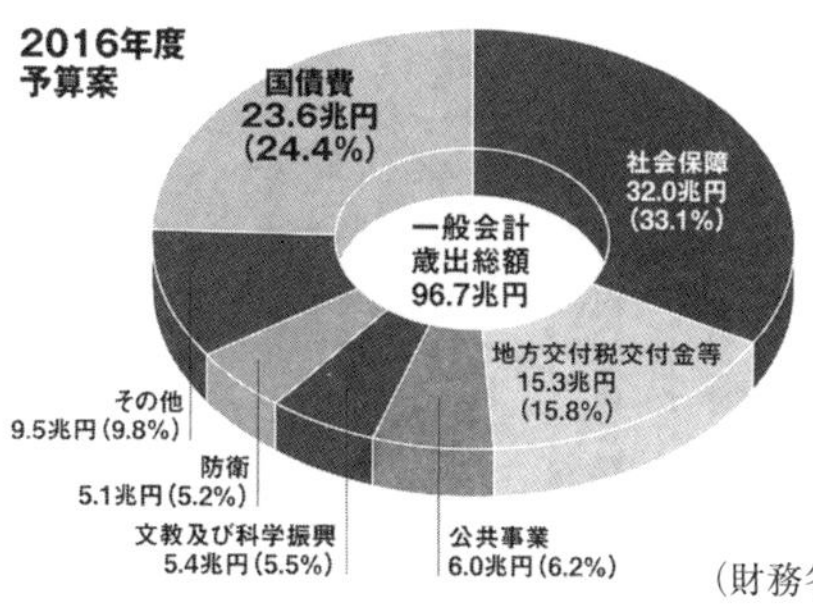

（財務省）

②国政参加意識の向上
③政治とカネ
④内政（災害対策）
⑤外交・領土問題

特に⑤の外交面では北方領土の返還や、竹島・尖閣諸島対策など、将来に亘って鋭意努力して解決すべき問題が山積しています。

現状では周辺諸国に弱国視され、少し軽視《なめ》られているのでないかと思っています。武力増強のための予算増加はあまり好ましいものではありませんが、必要最小限度は許容されてもよいのではないかと思います。

また、憲法改正の問題については第九条のみならず、国民の権利や義務、新しい権利（環境権、社会権）等についても時代にマッチしたものへと見直しを図らなければならない時期に来ているかと思います。

もう一度歴史をふりかえり、明治以降のわが国の歩みを参考にしながら今後の日本はどうあるべきか、長期的観点から見直すべきではないでしょうか。

横地　本多君がいう①から⑤はどれをとっても将来に亘って必ず改善すべき問題だと思います。国政は、一部の者たちのためでなく、全国民が安心して生活出来るような施策でなければならないのは当然のことでしょう。一日も早くその日が来ることが希求されます。

稲田　二〇一六年、熊本を襲った1000回を越える一連の地震で多くの人命が失われ、被災家屋は約二万棟、半壊が4990で全壊が2200棟だそうです。また、河川の危険個所は350箇所に上りました。

災害列島日本は、いつ何時天変地異に見舞われるか解りません。政府は常時、それに備えて予算措置や対策を講じておかなければなりませんが、現状を見るにつけ、全く不充分と言わざるを得ません。永世中立国スイスを例に挙げれば数年分の食料等の備蓄を義務づけた法が制定されているそうです。

わが国にも飢饉等に備えた立法措置が必要であると思います。

政府は今回の熊本災害では「激甚災害対策」を適用し、予備費を投入したとのことですが、今後インフラ整備を含めた復旧には数十年はかかるだろうと言われています。古来（奈良時代以降）為政者は災害や飢饉に備えて「義倉《ぎそう》」を設けて粟を食糧として備えました。江戸時代には「社倉《しゃそう》」を設け凶作に備えてきました。現代の政治も国民が安心して生活出来るように常に予算措置を講じて、災害に備えておくべきだと思います。東北地方の津波災害に対しても、新たに「東日本大震災復興特別会計」を起草し、国会承認を得て、国民から税を徴収するような、後手後手に回る施策を採って来ました。今後も同じ轍を踏まないようにして欲しいと思っています。

「備えあれば憂いなし」だと思います。予算案作成に当たって一般会計の歳入に計上出来なければ、特別会計の中で計上して行くべきではないかと思います。

横　地　本多君のいう②の国政参加への態度についてですが、いうなれば選ばれた議員たちの中には、世間では、政治家というよりも、自分の利益や名分を求める「政治屋」に堕落している人もいるようですが、明治以降の先人政治家の中には、自己の財産を処分してまで民のために努力した例はあま多あります。今こそ国民が政治に失望しない本当の政治家を育成する必要があります。前にも言いましたように、中国春秋時代の諺にある「まず隗から始めよ」[註⑥]ということです。

衆参両院計722名の歳費削減法を成立させ、その費用を災害対策の一助にすることを国民に示せば、将来消費税率の引き上げにも国民の賛同を得やすいと思います。

限られた資源

横地　今まで皆さんに内政を中心に話題をあげていただきましたが、これらの内政問題は氷山の一角にすぎません。労働問題や農林水産業などの一次産業についても、まだまだ話題は尽きません。

最近話題になっているＴＰＰと農業所得などについても、経済政策の一環として後程考えていただきたく思っています。

さて、資源に乏しいわが国は工業原料を輸入し、それらを加工し輸出する加工貿易で経済発展をとげて来ました。

わが国の工業は重化学工業を中心とする大企業は全体のわずか０・８％ですが、製造品出荷額は過半数の51・８％を占めています。99・２％はおもちゃ産業をはじめとした軽工業の中小企業で生産活動が占めています。

この会のはじめに北条君が「景気の下降時やデフレの時には家族間で話題になる」といわれましたが、何かその点について差し支えがなければ話していただけませんか。

北条　そうですね、今でこそ父の会社の従業員は１００名を突破しましたが、20年ほど前は従業員が12名で本当に小企業でしたから、景気の変動に左右されていたそうです。特に金融面では、母も金策に走り回って苦労したと聞いています。事業の主体は金属加工ですが、そのほとんどは大企業からの下請けです。しかも間に一企業が入ってそこからの孫請けでした。

特に不況の時は製品の単価を一方的に引き下げられても泣き寝入りの状態で受注したそうです。このままでは倒産に至るかも知れない、倒産すれば祖父の代から家族同様にして一緒に生産に励んだ従業員をはじめ、その家族を路頭に迷わせることになる、何とかしなければと、従業員ともども日夜にわたる血のにじむ努力により数千回にわたる試行錯誤の結果、生み出されたのが「緩まないネジ」でした。機械と機械を接続するためにはボルトとナットが必要です。そこ組み立てても機械の振動により、時間の経過とともに緩みが出て来ます。そこを何とか出来ないものかと全員で知恵をしぼった結果、製品化にこぎつけたのが「決して緩まないネジ」でした。

図 15-3　事業所規模別構成比（2013年）

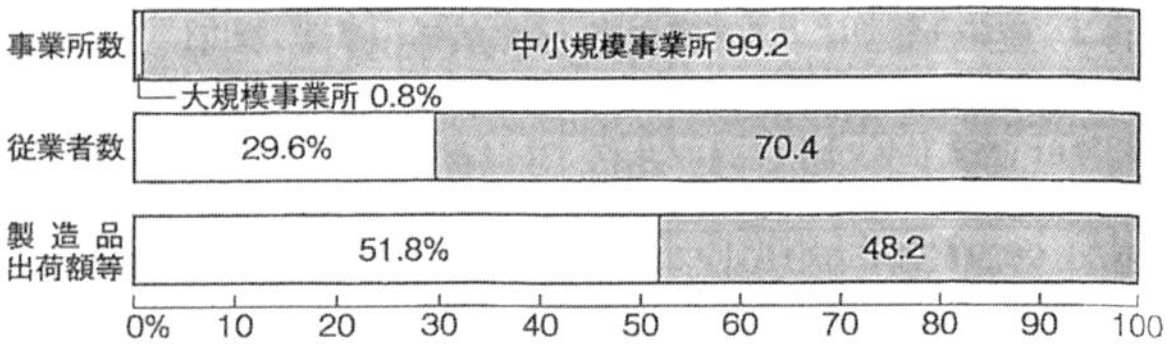

資料は下表に同じ。大規模事業所を従業者300人以上の事業所とした。

図 15-4　事業所規模別１人あたり出荷額等と現金給与（2013年）

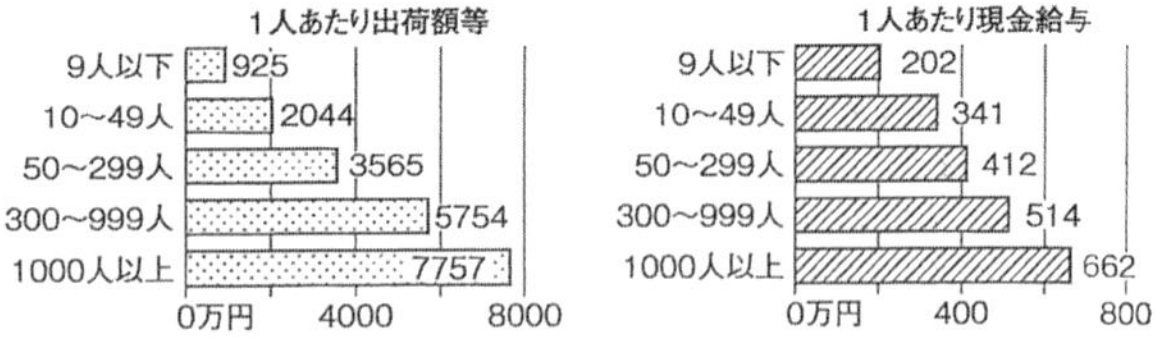

表 15-6　事業所規模別工業統計（全事業所）（2013年）

事業所の規模（従業者数別）	事業所数	従業者数（千人）	現金給与総額（億円）	原材料使用額等（億円）	製造品出荷額等（億円）	付加価値額（億円）
1～3人[1)]・	202 773	402	3 821	8 770	18 450	…
4～9人・・・	87 496	534	15 111	35 231	68 180	[2)] 31 225
10～19人・・・	51 962	709	22 853	66 109	118 658	[2)] 49 926
20～29人・・・	25 112	613	20 968	72 662	125 822	[2)] 50 444
30～49人・・・	15 868	617	22 346	93 460	151 975	51 391
50～99人・・・	14 545	1 013	38 631	183 353	298 378	99 802
100～199人・	7 504	1 036	43 540	223 109	370 144	124 610
200～299人・	2 365	573	25 942	166 117	266 240	79 411
300～499人・	1 706	649	31 716	263 584	397 882	99 303
500～999人・	1 014	690	37 084	240 978	372 861	108 006
1000人以上・	457	968	64 064	518 935	750 783	207 370
計・・・・・・・	410 802	7 805	326 077	1 872 309	2 939 371	[3)] 901 489

経済産業省「工業統計表　産業編」(2013年）による。1）推計値。2）粗付加価値額。3）従業者４人以上の事業所。従業者29人以下の事業所は粗付加価値額。

2016年版『日本国勢図会』より

特許庁に申請した結果、承認されるまで時間はかかりましたが、承認されてから銀行をはじめ、出資したいとの申し出が相次いだとのことでした。手のひらをかえすような豹変ぶりに従業員ともども驚いたそうです。現在はＪＡＸＡで認められ、アメリカのＮＡＳＡより宇宙関係の注文を受け、輸出に力を入れているそうです。母は昔日のように金策に走り回ることから解放され、安堵の胸をなでおろしています。

横地　そうですか、それは大変なご苦労でしたが、日本にとっても大きな財産をつくりましたね。

さて、ここらで日本の工業について、眺めてみたいと思います。日本の産業革命は欧米に遅れること約１００年、繊維工業に始まり、富国強兵策の中で、日清・日露戦争などを経て製鉄・造船などの重化学工業分野が工業全体を主導するかたちで発展してきたことは、皆さんもご承知のことと存じます。

しかしながら、わが国の工業は第二次世界大戦でそのほとんどが破壊されてしまいました。

戦後は、物資不足の中で国民は大変苦しい生活を強いられたものです。一九五〇年、朝鮮半島に始まった朝鮮戦争をきっかけとして、日本経済は特需に潤い、驚異的な復興をとげて参りました。一九四九年から一九五一年まではシャウプ勧告による税制改革をはじめ、エロア資金（占領地域経済復興資金）の貸与を受け、羊毛・綿花などの原材料輸入で経済発展に寄与することも出来ました。一九五四年十二月~五七年六月までの「神武景気」、さらに五八年~六一年の「岩戸景気」六五年~七〇年の長期間続いた「いざなぎ景気」や途中に不況期はあったものの、変動期をのり越えて国民の技術革新などの努力にもより、ＧＤＰはアメリカに次ぐ世界第二位の国に成長してきました。しかし、近年はその座を中国に譲り、第三位になっています。

先ほど話をした通り、資源に乏しいわが国は、加工貿易によって外貨を獲得していく必要があります。いかに創意・工夫をこらし、製産品の付加価値を高めていくかが世界の中で生き残るための手段です。自動車産業を筆頭にして、半導体や集積回路を利用した産業などがその例としてあげられます。

北条君の家業のように、たゆまない努力によって一定の成果を挙げた、今で言うところのベンチャー企業は全体の中でそう多くはないと思います。

しかし、ベンチャー企業の良さは、その身軽さと大企業にはない発想などを持っていることにあります。それをどう生かすか、またこれらのベンチャー企業を育てていくことも、今の日本に求められているのは事実です。

将来、北条君が会社を受け継いだ時は、父母の苦しかった時代などを参考にして、是非ともベンチャー企業の育成のために、他の小企業などに対して資金面や技術面での良き相談相手になってあげるように努力して欲しいと思います。

政治や工業などの点では、まだまだ話題が多くあると思いますが、少し話題を変えましょう。
　皆さんの生活に直接関わる経済面について、考えを聞かせて下さい。今仮に皆さんに親族の金持ちの人から20万円小遣いとしてあげますといわれた時、そのお金は何に使いますか。

池田　パソコンを買い換えます。

北条　18歳になりましたので、今年の夏は自動車の免許を取る資金の一部にします。

本多　ヴァージョンアップされた「i-Phone」（アイフォン）の最新版を買い、残金は預金します。

脇坂　ドレスを買い、残りは貯蓄します。

山田　今狙っている中古バイクを買います。

内田　私は写真部に所属していますので、最新のカメラを買いたいと思います。

横　地　今六名の人の話を聞きましたが、一人として、食べ物に関する話が出てきませんでした。皆さん食べ物に困り、ひもじい思いをした経験が無いように思われ、本当に幸せですね。

脇　坂　先生はひもじい思いの経験をお持ちでしょうか。

横　地　そうですね、我々昭和世代の人間（戦前戦中戦後生まれ）は、毎日の食生活も充分ではありませんでした。

雑炊といって、野菜汁の中に米粒《つぶ》が泳いでいるような食べ物があれば良い方で、芋や野草も食べたものです。子供達の中には栄養失調で下腹の出た子もいました。

ひもじい思いをする「もうそんな経験はご免」という思いから、我が家では年に一回、朝食で雑炊の日を設けて食べることにしています。

子供や孫たちは滅多に口にしたことがないので、「おいしい、おいしい」と言いながら、喜んで食べているような始末です。

現実に、そんな食事が毎食続けば、どうでしょうか、飽きてしまいますよね。皆さんは現在、そんな経験やひもじい思いもしたことがないようですから、本当に幸せです。けれども、不確実性の時代である今日、またいつそのような思いをする日が来たり、起こったりするかわかりません。絶対にそんな思いをする日が来るようなことは、あってはならないと思います。

私達が生きて行く上で一番大切なのは食生活に関することです。水と食べ物がないということは、地球上の生物にとってはすなわち、死を意味します。

前にも述べましたが、衣・食・住足りて礼節を知るのです。

動物の社会生活では食が充分に行きわたらなければ、食をめぐっての闘争が起こります。動物社会にかぎらず、人間社会であっても、弱肉強食の状況では礼も節もありません。人間社会では公平な分配が計画されなければと思います。今日、地球上では天変地異が突然起きてもおかしくないような現象が相次いでいます。万一、天候の異変や飢饉が起これば、どう対応すべきか、平時より対策を練っておく必要があります。

皆さん、ケニアの環境保護活動家ワンガリ・マータイさんという人物を知っていますか。

脇坂 マータイさんの『もったいない運動』の話は聞いたことがあります。

横地 さすが、将来は主婦として家庭を守る立場として女性の視点からよく勉強していますね。

本多 具体的にその活動はどんな内容でしょうか。脇坂さん、出来ればくわしく説明して下さい。

脇坂 マータイさんは一九四〇年ケニアのセントラル州ニエリに生まれ、アメリカに留学して六六年ピックバーグ大学で修士号を取得した後、ケニア全国女性評議会議長に就任しました。そして、女性の地位向上を目的とした「グリーンベルト運動」を創設して、アフリカ各地に3000万本以上の植林活動を展開しました。国会議員としても活躍し、二〇〇五年二月末、日本に来た際、「もったいない」という日本語に感銘を受け、その活動を自国をはじめ世界に広めた人です。

横　地　そうですね。私達日本人は、外国の人から教えられなければならないほど飽食の時代に生きています。昨今日本では、国中の大型スーパーで余った食料は年間約650万トンもあり、それが廃棄されていると聞き及んだことがあります。

フランスの食料廃棄物も約700万トンに上るそうですが、パリ郊外クールブヴォア市で、中東より帰化した青年市会議員のアラシュデランバーシュさんが二〇一四年に、余った食料の廃棄は「もったいない」として、約20万人の署名を集め、廃棄反対運動を展開しました。その結果、二〇一六年四月より延べ床400平方メートル以上のスーパーで余った食料を社会施設等に寄附させるという法案を成立させました。それに違反したスーパーは違反金3750ユーロ（日本円に換算すれば約48万円）の罰金を支払わねばならないそうです。

国連食糧農業機関によると、全世界の先進国などでは13億トンも廃棄されているとの報告もなされています。

余った国では廃棄する一方、内戦や難民として国外脱出しなければならない国の国民は、その日の食料さえ手に入らず、飢えに苦しんでいる人々も多数いることを、私達は忘れてはなりません。

フランスのように一市民を中心にした運動の高まりの中からこのような立派な法案が成立し、施行されているのは、すばらしいことではありませんか。

日本では650万トンが廃棄されているとのことですが、この現実に対する国民の無関心にはあきれるばかりです。

世界の国々の中にはこのような立派な法案が成立している例があります。日本の政府がその例を手本として内閣法政局で関連法案を起草し、成立への努力をすべきだと私は思います。

政府が動かなければ、議員立法という手法もあるようですが、それも法案提出権が議員数20名以上に限られるという制約がある以上、少数政党や一議員の力では実現できません。残念ですが。

諸外国の法案の中でわが国に適応できるよい法案があれば、採り入れてもよいと思いますが、皆さんどうでしょうか。

（高校生から異口同音に「賛成、賛成」の声があがる）

稲　田　それなら先生、現在、日本の祝祭日は年間16日ありますが、どこかに「食の感謝」という意味で祝日を一日追加できないものでしょうか。

横　地　いいですね。私も賛成です。

「働きすぎの日本人」と世界から言われますので、あと一日、祭日（休日）を追加しても良いかと思います。

その意味では普段より地方選出の国会議員を通して働きかけ、法案を成立させる努力が必要でしょうね。

食糧に関しては、わが国の農政と関連がありますので、この問題は後程、日本の貿易などとともに話題として取り上げてみたいと思います。

話題は一転しますが、皆さん「幸せ」について考えたことはありますか。「幸せ」をどのように捉えていますか。

前田君どうでしょう。今、幸せですか？

前田 私は現在、生活上では何の不自由もないので「幸せ」と感じています。

立川 私は将来の進学、就職など若干不安はあるのですが「幸せ」といってもよい部類に入ると思います。

内田 私は、毎日安心して食べて生きていられるので「幸せ」と思います。

山田 私も、毎日高校に通学できて部活にも力を入れることができるので「幸せ」を感じています。

原田 現在両親の下で、衣・食・住にはこと欠かない生活ですから、幸せであると思います。

脇坂　「幸せ」ですが、兄がいればもっといいのに…。

池田　先生、いったい「幸せ」の内容をどのように捉えればよいのでしょうか。人それぞれのようにも思いますが。

横地　「幸せ」には二通りの考え方があるのではないかと思います。

一つは、物質的な面からの考え方、二つ目は精神的な面から。この二つと考えることが出来るのではないかと思います。本当の幸せは二つの面を同時に満足しているか否かによると思います。

物質的な面で言うと、欲しいと思った物が手に入るか入らないかで分かれてくるでしょうが、手に入れたとしても、精神的な不安や心配事などのストレスを感じていれば、幸せとは言えないと思います。両面とも満足できれば「幸せ」と言えると考えられます。

しかし、人間には食欲・性欲・名誉欲・金銭欲などのさまざまな欲求があります。一つを満足しても、次の欲求がまた起こってくるものです。したがって、欲望を完全に満たすことは難しいものです。それに、人はそれぞれ価値の尺度が違いますから、価値の基準をどこに定めるかによっても求めるものが変わりますし、何に「幸せ」を感じるかも異なってくると思います。

見た目には何不自由なく生活している人でも、その胸の内には、「あのようにしたい、こうありたい」と思っていることが実現できなければ、不平不満となってくるでしょう。

それから、どこに満足を見出すのかは、その人自身が毎日の生活を通して答えを探そうとする努力を続けることが、大切だと思います。

目を世界に向けた場合、現在自分が生活している状態と比べてみると、上を見ればきりがなく、下を見てもきりがありません。一例を挙げれば、人種や宗教・政治的信条などの違いによる内戦に巻き込まれたり、迫害を受けて難民とならざるを得なかったりする人々との比較で考えてみれば、明白なことと思います。

総じて言えることは、幸福とは、物質的な満足感だけでなく、個人が安心して暮らせるということに関係がありそうです。その上、自己の存在価値を認められその能力を発揮でき、他人のために尽くして、他人から感謝された時こそ「幸福」だと言えると思います。

また、突然、天変地異による災害等で当然の生活権が奪われ、苦しい生活を余儀なくされた人々の心情は、「幸せ」と言えるでしょうか。そのように昨日までの「幸せ」が急転することも考えられます。中国の故事成語にあるように[註⑪]「人間万事、塞翁が馬」を常に念頭に置き、未来への希望と夢をもって行動することが日々の幸せをつくる上で、大切だと思います。

産業の歴史をふり返り、働くということを考える

横地　さて、次は将来の日本を考えた場合、考えなければいけないこととしてニート問題を取りあげてみたいのですが。

北条　先生、ニートとはどんなことでしょうか。その由来などから解説をお願いします。「大体こんなことではないか」と漠然と思ってますが、正確なところがわかりませんので、解説して下さい。

横地　「ニート」とは、「ＮＥＥＴ」の頭文字であって、「Not in Education・Employment・or・Training」を意味します。すなわち、教育中でも雇用中でもなく、職業訓練中でもない人のことを言っています。

近年、わが国ではこのニート族が増加の傾向にあると言われていますが、これは全く憂うべき問題です。これらニート族の若者は、親の保護下にありなが

ら、何の目的も持たずに生活している人々です。いわば、家庭内の「寄生虫」のようなものです。親が経済的に生活力を持っているから良いものの、経済力を持たない場合はどうするのでしょうか。全く困った問題です。

これら、学びもしないし職業訓練も受けず無職の状態にある人々が増加すれば、わが国の将来は、前途多難と思われます。

このままではGNPやGDPは減少し、ストック（国富）の減少につながっていくので、憂うべき大きな問題です。

将来は、皆さん二人弱で一人の65歳以上の高齢者を養っていかなければなりません。さらに、ニート族にように働かない人が増えれば、皆さんが現役引退し退職した後の国民年金や厚生年金の目べりにつながることは明白です。老後の生活設計にも影響が出るのは必至です。

二〇一三年の日本のGDPは4・9兆ドルで、アメリカ合衆国の16・8兆ドル、中国の9・2兆ドルに次いで世界第三位でしたが、韓国をはじめ台湾などの発展途上国の追い上げが急ピッチで、いずれその座を追われるようなことがあっては大変なことになります。

現在の日本のストックによる国民生活の豊かさというのは、戦後七十年間に皆さんの祖父母の時代に蓄えられたストックによるものなので、その恩恵を忘れてはいけません。ニート族やそのような社会問題に対して手をこまねいて見ている人々が多くなれば、これは大問題です。そうなれば、昭和の世代の人々の努力で蓄えられたストックは必ず減少します。

国民の働く意欲と努力がなくなった時は、世界の進歩から取り残されおいてけぼりをくってしまい、日本の将来が危くなります。

現在のストックは大切にしておくべきです。そして積極的に生産活動に従事するように努力し、ストックを増やすべきです。

「座して喰《くら》へば山をも尽きる」と言います。国民一人ひとりがハングリー精神をもって努力していけばこそ、経済発展にもプラスに作用していくはずです。そこでニート族減少のための方策として、学校教育の中で中学・高校生のうちから進路指導の徹底を図る事が大切だと思います。

脇坂　先生、先ほどからストック、ストックという言葉をくり返しておっしゃっていましたが、それはどんな意味ですか。

横地　ストック[註⑧]（Stock）とは、その名の通り備蓄在庫のことで、現在使用する分より余分に確保しておかれた資産のことです。

例えば、金銭ストックとは、株式・

3 戦後の日本の景気変動

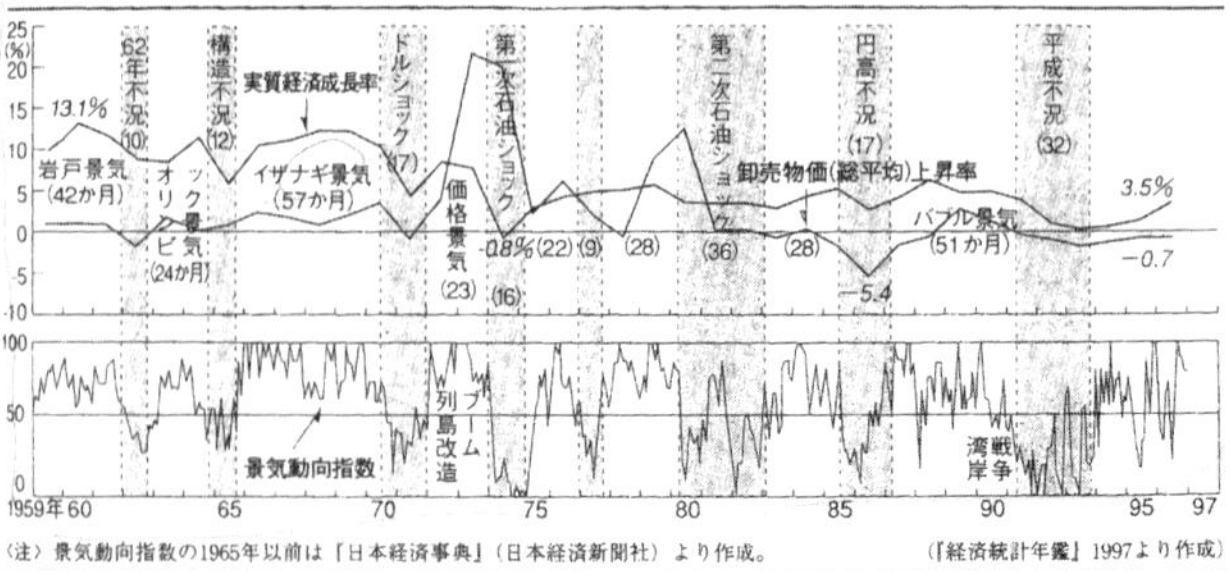

〈注〉景気動向指数の1965年以前は「日本経済事典」（日本経済新聞社）より作成。　　（『経済統計年鑑』1997より作成）

▶解説◀ バブル経済の崩壊と平成不況　平成不況が長く深刻であったのは，原因が複合的で，特にバブルの崩壊が大きく響いたことである。原因としては，従来の多くの不況と同じように，①在庫増加→生産抑制→設備投資減退という循環的要因があり，②93年の異常な冷夏という条件もあったが，③資産デフレといわれるようにバブルの崩壊と，④政府・日本銀行のその処理のまずさが加わった。需要別に見れば，低金利と潜在需要の強さから住宅投資，アメリカとアジアの活況に支えられた輸出が強く，物価の安定による消費と不況対策としての公共投資もそれなりに景気を支えたが，企業の国内設備投資は過剰設備，金融機関の貸し渋り，企業自体の収益低下，それに海外投資増加により30か月にわたって低下を続けた。これが不況を長びかせ，また不況の性格を物語っている。(『日本経済図説』岩波新書)

PLUS α　企業の経営者はそれぞれ独自の景気の測定法を持っている。例えば，ビルの残業の明かりの数，高速道路のトラックの台数，タクシーの台数等だ。スカートの丈との関係を言う人もいる。

日本経済事典（日本経済新聞社）（経済統計年鑑1997年）

株券・資本金などのことをいいます。資本主義経済社会では景気の変動はつきものですから、それに備えて一定量のストックをいつも用意しておく必要があります。

戦後の日本の景気変動は図の通りになっています。景気の変動は①好況期（ピーク時）②後退期（恐慌も含む）③不況期④回復期から拡張期の四つの波があります。したがって、回復期から拡張期にストックを増加しておく必要がありますね。

ここで皆さん、すでに学習済みのことと思いますが、もう一度、産業革命以降のわが国の鉱工業の発展史をふり返って整理してみましょう。

1 景気循環の四局面

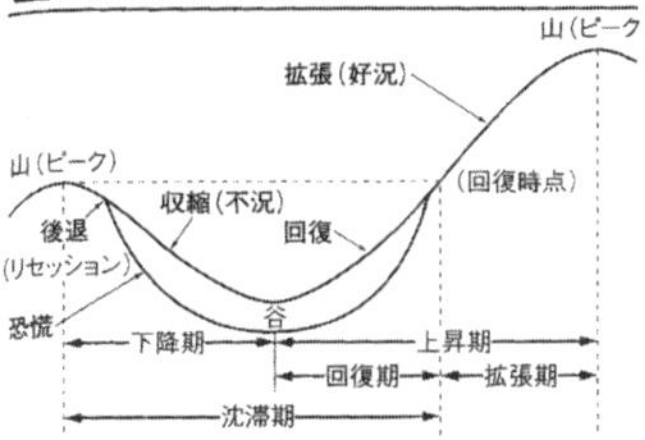

	好　況	後　退	不　況	回　復
経済活動	最　大	減　退	最　小	増　大
賃　金	高水準	下　降	低水準	上　昇
倒産および失業者	わずか	増　大	激　増	減　少
物　価	最　高	下　降	最　低	上　昇
利子率（公定歩合）	高水準	下　降	低水準	上　昇

社会科資料集から

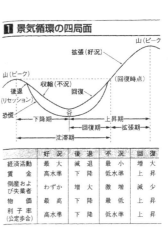

わが国は明治以降、殖産興業にはじまり「富国強兵」の合言葉のもとに鉱工業を中心に、その発展に力を入れてきました。一八九四年日清戦争、一九〇四年日露戦争、一九一四年からは第一次世界大戦と、10年ごとの戦争を経由していく過程の中から鉱工業を中心にして発展させてきた訳ですが、その歴史において太平洋ベルト工業地帯[註⑨]と言われるような大都市が実現してきたのです。つまり、「大戦景気」とは、戦争に必要な物資の生産力向上を背景とした、重化学工業発展など第二次産業中心の育成政策の賜物だったのです。

工業政策は、それはそれなりに成功をおさめました。しかし、その反面、地方や第一次産業、すなわち農林水産業に対する施策はあまり充実していませんん。農村では地主制度が温存されたままだったので、地主対小作人といった主従関係も変わらず、封建社会の温床になっていました。いうなれば旧態依然たるものでした。

その後、国際情勢の緊張が高まる中で、列強は日本封じ込め政策としてＡＢ[註⑩]

ＣＤラインを構築して来ました。

資源の少ない日本は、生き残りをかけて東南アジアをはじめ中国大陸への進出を企て、このことが第二次世界大戦を惹起する要因となったのは、皆さん御存じの通りです。

戦後、敗戦国日本は、アメリカ主導のもと、軍国主義の温床としての封建社会を打破し、民主国家実現のための手段として、産業面では財閥解体、農村では農地改革を二度に亘って実現させました。

戦後、物資不足・食糧難の中、アメリカは占領地域救済のために設けた食料・医薬品用のガリオア資金によって、学校でのパン給食・粉ミルク（脱脂粉乳）の配布を通して食糧難に対応してきました。

この食料難の時代を経て農水省は農家に対し、その都度対策にのり出してきたのです。しかし学校のパン給食などの影響で、日本人の食生活に変化が見られ、欧米化した結果、米食離れが出はじめ、余剰米が出てきた訳です。当時、

農業従事者（表11-14,15による）

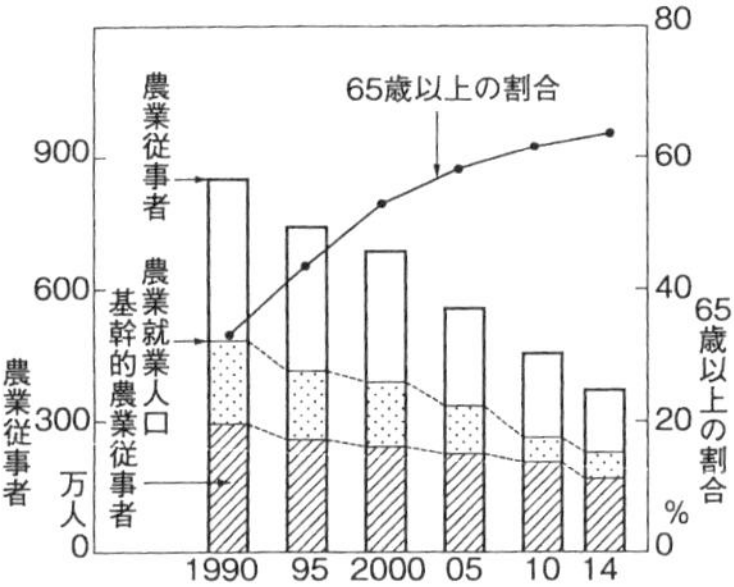

図 11-5　新規就農者

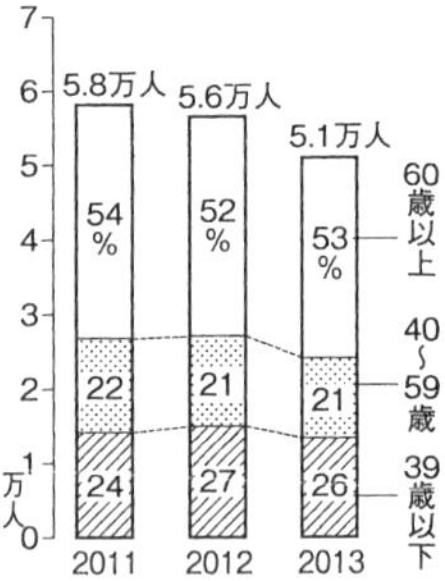

表 11-14　農家人口（各年２月１日現在）

		農家人口（千人）	農業従事者数	農業就業人口	うち基幹的農業従事者	農家1戸あたり（人）農家人口	農家1戸あたり（人）農業就業人口
（総農家）	1990	17 296	10 366	5 653	3 127	4.51	1.47
	2000	13 458	8 577	1) 4 902	1) 2 778	4.31	1) 1.42
	2005	11 339	…	…	…	3.98	…
（販売農家）	1990	13 878	8 493	4 819	2 927	4.67	1.62
	2000	10 467	6 856	3 891	2 400	4.48	1.67
	2005	8 370	5 562	3 353	2 241	4.26	1.71
	2010	6 503	4 536	2 606	2 051	3.99	1.60
	2014	5 388	3 692	2 266	1 679	3.82	1.60

1990，2000，2010年は世界農林業センサス，2005年は農林業センサス，2014年は農業構造動態調査による。住み込みの雇人を含まず。1）1995年農業センサス。

農業従事者　農業従事者とは，満15歳以上の農家世帯員のうち，調査期日前１年間に農業に従事した者をいう。農業就業人口は，農業従事者のうち「農業のみに従事した者」と，「農業以外の仕事にも従事したが，農業の従事日数の方が多い者」の合計。基幹的農業従事者は，農業就業人口のうち日常の主な状態が「農作業に従事していた者」で，家事や育児を主とする者は含まれない。表11-12の農業専従者とは，１年間に農業に150日以上従事した者をいう。

2016年版『日本国勢図会』より

政府の食管特別会計は、政府が農家から買い入れる価格より国民に売り渡す価格が安い、いわゆる逆ざやのため、赤字が続いていました。そこで、生産調整上、減反政策を農家に押しつけたのです。政府の特別会計のうち、米・国鉄（今のＪＲ）・国民健康保険は「３Ｋ」と言われ赤字だらけでしたので、財政改善の一端としたようです。後年、国鉄（日本国有鉄道＝ＪＮＲ）は分割民営化され現在のＪＲとなり、独立採算制をとっています。

米を生産する農家は減反や転作すれば助成金があるとはいうものの、通常10アール当たりの収穫を平均約４８０kgとしても、手取り収入は１kg当たり農協経由で２００円程度です（尚、豆や小麦等への転作は休耕田よりも助成金が高いようです）。

これでは肥料代・機械代ほか必要経費を除けば時給にして３００円弱で、スーパーのレジ担当の平均時給７５０円～８００円よりも安くなります。当然、農業就業人口は減少の一途で、高齢化が進み、若者は都市を志向し第三次

農家数

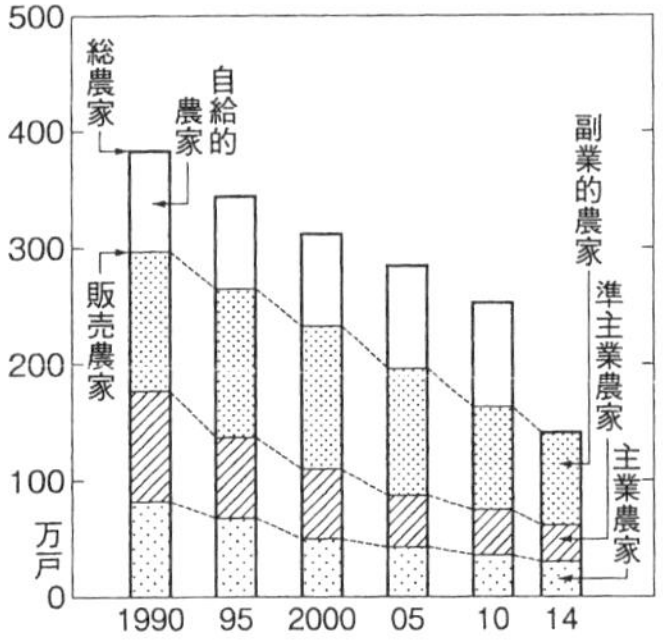

表11-10，12により作成。

表 11-10　農家と土地持ち非農家（各年２月１日現在）

	実数（千戸）					2005〜10 増減率（%）	2010 構成比（%）
	1990	2000	2005	2010	2014		
総農家・・・・・・・	3 835	3 120	2 848	2 528	…	*-11.2*	*100.0*
販売農家・・・	2 971	2 337	1 963	1 631	1 412	*-16.9*	*64.5*
自給的農家・	864	783	885	897	…	*1.4*	*35.5*
土地持ち非農家	775	1 097	1 201	1 374	…	*14.4*	—

1990，2000，2010年は世界農林業センサス，2005年は農林業センサス，2014年は農業構造動態調査による。いずれも確定数。【☞府県別統計534ページ】

農家の分類　農家の分類は，明治以来の専業・兼業別の分類法と，1995年農業センサスより導入された主業・準主業・副業的別の分類法がある。現在は，収入と働き手の両面から農家を定義する後者の分類法を主体に調査が行われている。主業農家は農業所得が主（農家所得の50％以上が農業所得）で，準主業農家は農外所得が主のもので，いずれも65歳未満の農業従事60日以上の者がいる農家。副業的農家は65歳未満の農業従事60日以上の者がいない農家をいう。

2016年版『日本国勢図会』より

産業等で働く者が多くなります。したがって、農村の高齢化と過疎化の現象が顕著になってきています。

総農家数が一九九〇年には383万5000戸あったものが、二〇一〇年には252万8000戸へと20年間で130万戸減少しています。

そこで農水省では、農地を集約・統合し機械化を視野に入れた大規模販売農家の育成を計画し、その推進に力を注いでいます。また、減反政策には生態系に悪影響をもたらす側面もあり、二の足を踏んでいるとの声も聞かれます。

加えて、日本列島は中・山間部の水田も多く、統合・集約がしづらく、別の観点からは、美しい棚田の風景が消えるのを惜しむ声もあがり、あまり集約化は進んでいないのが現状です。

統合・集約推進のためには、行政と連携して創意・工夫し、努力と人の和による協同が求められ、さらにそれを実現できる中心人物を育てていく必要もあります。そのよい例として、山口県山陽の小野田市厚狭地区平沼田集落のように成功した圃場《ほじょう》整備地区があります。願わくばこのような圃場整備事業が全国に広まるようになって欲しいものです。

この成功例は、四国・中国地方における「認定第一号農地プラン」と言われています。よく「歴史に学べ」といいますが、かつてロシアがソ連と言われた時代（20世紀後半）に用いた農政の一つに「コルホーズ」（集団農場）がありました。土地・農具を共有して皆で使用し耕作して、作物の売り上げは各人に分配するという方法です。あと一つは「ソフホーズ」といって、土地と生産用具は国有の農場です。したがって、農民は工業労働者と同じで、基地より農場に出て働きます。サラリーマンと同じで俸給制を採用していました。

日本でも遊休地や休耕田は国が借用したり買い上げたりした分は、第2のソフホーズ的な仕方で農民を労働者として雇用するような農政も考えられるのではないかと思います。要は、五ヶ年計画で策定したことの年次的なものを考え、魅力ある農業にすべきだと思うのです。「ふる里創成事業」の一環として、若者が都市からUターンしたいと思える、そして安心して生活できる村づくりを考えていく必要があります。具体的には付加価値の高い農業商品（農産物）の栽培や、地域特産の農作物を共同生産し出荷していく手立てを考えることが大切かと思います。

現在、環太平洋パートナーシップ、いわゆる「TPP問題」が話題になっていて、日本の農業政策に関わる重要な協議事項もあり、議論を巻き起こしていますが、頭から「TPP反対運動」でなく、自国内の世論などを考慮した上で、国際協調の立場から相互に話し合いを進め、絶対譲れないような、大変難しい問題も出てくる場合もあるかも知れませんが、相互に歩み寄る努力の中で、円満に協定を結べるようにもっていくべきだと、私は思います。

食糧問題について考える

池田　ところで先生、我が国の食糧自給率はどのくらいでしょうか。将来を展望した点から解説していただけませんか。

横地　池田君、あなたは日本の自給率はどのくらいと思いますか。

池田　僕が思うには60％ぐらいでしょうか。

横地　そうですね。当たらずとも遠からずです。食糧自給率から言えば、現在、私達が食べている毎日の食卓に並ぶものは、その大半が海外からの輸入品で賄われています。将来的には楽観視できません。自給率の推移は、農水省の食料需給表の通りになっています。日本は農産物の分野で輸入額から輸出額を差し引いた純輸入額が、世界一だそうです。二〇一五年三月農水省が、今後10年間の政策を発表しました。「食糧・農業・農村基本計画」ですが、それによれば、まず食糧自給率の目標を50%から45%へと引き下げることにしたということです。

本来ならば、食糧自給率を上げるべきと考えるのが当然のようですが、米粉や大豆などへの生産シフトが想定を下回ったからと説明しています。今後は、国産品の増産路線を修正して、質の高い野菜や果実など高付加価値の品の輸出割合を増加する方針へと転換していこうという訳です。

国内の農地をフル稼働した場合、どの程度自給できるかと示した自給率の

食料自給率の推移（国内総供給量に対する国産供給量の割合）（%）

	1960	1980	2000	2005	2010	2012	2013（概算）
穀物（食用＋飼料用）*	82	33	28	28	27	27	28
米…………*	102	100	95	95	97	96	96
小麦…………*	39	10	11	14	9	12	12
大豆…………*	28	4	5	5	6	8	7
野菜…………*	100	97	81	79	81	78	79
果実…………*	100	81	44	41	38	38	39
肉類（鯨肉を除く）*	91	81	52	54	56	55	55
鶏卵…………*	101	98	95	94	96	95	95
牛乳・乳製品…*	89	82	68	68	67	65	64
供給熱量自給率‥	79	53	40	40	39	39	39

農林水産省食料需給表による。会計年度。1980年度以降は沖縄県を含む。*重量ベース。

作付延べ面積　作付延べ面積は，表11-3に掲載した作物の作付および栽培面積の合計である。作付面積は，非永年性作物をは種または植え付けし，発芽または定着した作物の利用面積で，栽培面積は，栽培された永年性作物の利用面積をいう。生産年が同一になる水稲二期作栽培や季節区分別野菜などは，同じ耕地に２回以上作付けされるため，それぞれを作付面積として合計する。

2016年版『日本国勢図会』より

推移は前出表の通りになっています。したがいまして、前に述べた通り、農地の統合・集約化を推進するように指導して来た訳です。
それから万一地球上に異変が起き、全世界が農産物の不作で飢饉が発生した時はどうなるかも考えておく必要がありますよね。

前　田　先生、絶対起こって欲しくないし、想定したくありません。

横　地　もしそうなったら、現在日本が頼っている輸出している国々は、どのような手段を取るでしょうか。輸出量は増量するどころか、自国民の食糧確保が第一と考え輸出量の減額、もしくはストップするに至る可能性もあります。食糧確保は当然、自国民優先です。それに対して政府は輸入ルートが閉ざされるという非常事態に至った場合を想定して四通りの食糧政策を提示しています。

（一）米・小麦・大豆など主要穀物を作付けする場合、国民一人が必要とする量の七割しか供給できない。

（二）栄養バランスぬきに、いも（芋）類中心に作付ければ必要量の１・

3倍の供給が可能。

（三）コメ生産主体の兼業農家から農地を集約し、大規模化して国際競争力を持つ農業をめざす。そしてスタートしたのが「農地中間管理機構（農地バンク）」で、借り入れを希望する生産者に貸し出す制度をとること。

（四）現在、日本農業の大半が個人農家である。したがって、農業組織を法人化すること（集約化）以上の方針を踏まえて、さらに「企業の農業への参入」を促す。そういったことなどによって現在の高齢化した農村の若がえりを図っていくことを示しています。

さすがですね。場当たり的ではダメだと考えたのでしょう。これも「備えあれば憂いなし」の用意周

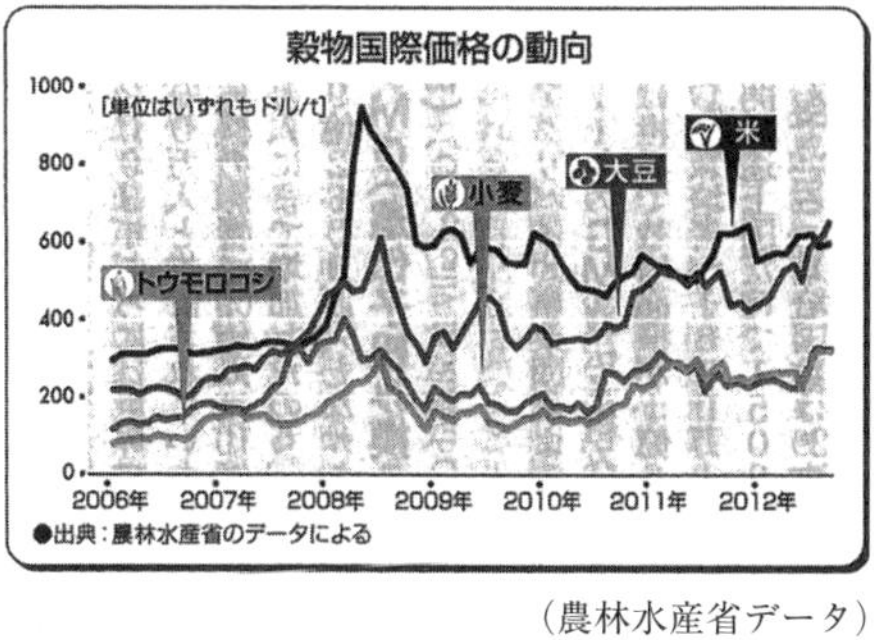

（農林水産省データ）

到さといえるでしょう。旧ソビエト連邦のコルホーズ政策を参考にしたものでしょうか。

しかしながら、諸外国は食糧を輸出するとすれば、現在の価格よりももっと高額の金額を要求するにちがいありません。この場合、売り手市場です。国内の金融ストックがある場合、相手国の言い値で買えるかも知れませんが、カネがなければ売ってくれません。やはりその点からもストックを目減りさせかねないニート族をなくす運動をしていかなければなりません。

改めて私達の祖父母たちが遺してくれた恩恵に感謝すると同時に、ストックを減らさないような国民運動を展開していく必要があります。かつて言われた日本人の①高学歴、②勤勉さ、③高い貯蓄心、④手先の器用さを再認識すべきです。

世界に冠たる日本であり、国際社会に貢献できる日本国でなければなりません。さて池田君、きみが今朝食べてきたもののうちどれくらいが日本で生産されたものかわかりますか。

池　田　わが家は祖父母が健全ですから日本食が定番になっていますので、まず御飯、味噌汁でしょう。それにほうれん草、卵焼き、漬物のタクワンでしたが…。

前　田　（挙手）先生発言してもいいですか。僕は朝食は、やや軽目にトースト2枚と目玉焼きに牛乳、生ハムを食べました。そして最後はコーヒーで終わりました。

立　川　（挙手）僕にも言わせて下さい。

横　地　どうぞ、御自由に。あなたの日常生活の一端をよろしければお話し下さい。

立　川　僕は早朝の起床が苦手です。現在は学校の部活で剣道をしています。剣道は稽古やトレーニングの時間から言っても他の部活より帰宅時間が早いと思い入部した訳ですが、中学時代の稽古より熱の入れようが異なり、疲労度がちがいます。帰宅後、夕食・入浴などをしていると、疲れから大学入試の受験勉強ができませんので、約二時間の仮眠をとり、深夜に及ぶ勉強をします。ですから朝早起きは苦痛です。家族からたたき起こされ、あわてふためき登校しますので、ゆっくり朝食をとった覚えがありません。平日は朝食抜きで登校する状態です。

横　地　そうですか、それは大変ですね。今、池田君、前田君が言ってくれた朝食のメニューの中で純国産品といえば、米でしょう。次いで牛乳・卵ぐらいなものでしょうかね。米は輸入品もありますが、外米はやや味が「今いち」ですから敬遠ぎみで、やはりメイド・イン・ジャパンが好まれて大半の家庭で消費されているのが実情です。最近は、外米の中には品種改良により国産米にひけをとらない味の品種も出てきました。一例としては、アメリカのカリフォルニア産米があげられます。したがって、米国をはじめ米を生産する国からは、日本に外国産米を買ってもらい貿易拡大してもらうため、輸入枠を拡大するよう関税引き下げの要求が出ています。これが前に話題となったＴＰＰ協議です。協議成立には米にかかる関税が一番のネックになると思います。

ＴＰＰ交渉で協議されている品目を含め、諸外国からの輸入品が安く入るようなことになれば、消費者である国民にはメリットがあります。しかし、農産物を中心に生計を立てている農業生産者は、国産品が売れ残り、廃業せざるを得ない状況に追い込まれてしまいます。そこで、国産品よりも高い関税をかけて生産者を守ろうとしている訳です。

ミカンをはじめ、その他の柑橘類やバター、チーズなどの酪農品についても同じことが言えますので、酪農家はピンチに立たされる訳です。それを回避するため関税というハードルでガードしているのです。政治家は第一に、国策として外国から国民を守らねばなりません。そこでどこまでが国益になるかを模索しながら外交交渉を続けるのです。ＴＰＰ協定もその一つになります。

さて、次にお話しいただいた立川君の朝食抜きの話ですが、これは人生における一時期のもので緊急避難的なものととらえるとして、健康面から言うとあまり賛成できません。若いからといって決して無茶をしてはいけません。朝食は一日の活動の源泉になります。たんぱく質、炭水化物、脂質、ビタミン、ミネラルなど、バランスのとれた食事をして下さい。植物の栽培で、NPKが均等に配分され、目的に応じて施肥する必要があるのと同じです。

あなたは高三ですから、恐らく七月以降に最後の対外試合が終われば、部活を引退することができます。そうすれば、来春の大学入試に備えて受験勉強に専念できるはずです。入試は日中に行われます。夜間に頭脳が冴えわたっても、昼間に働かなくては入試にフェイル（失敗）するでしょう。結果は火を見るよりも明らかです。「夜間頭脳」から「昼間頭脳」へと早く切り換える必要がありますね。

人間の頭脳は、一説によれば医学的には起床後、約二時間経過してから、ようやく機能しはじめるとのことです。老婆心ながら申し上げます。この話は皆さん、参考までに聞いておいて下さい。しかし人それぞれ学習のパターンがありますので、自分の学習計画に従って勉強できた者が栄冠を勝ち取ることができます。規則正しい生活は、栄冠への近道ですから、がんばってください。

第一次産業の農業関係の問題はまだたくさんあると思いますが、一応ここらで終わります。

さて、次に同じ第一次産業の水産業について、皆さんと一緒に考えてみたいと思います。誰か問題提起なり意見なりを述べたい人はいませんか。

内田 先生、先日新聞で近海漁業の現状について書かれていたのを見ましたが、漁業全般についての概略を話して下さいませんか。

横地 漁業の概念は大別すれば三つのパターンに分類できると思います。

（一）遠洋漁業

（二）近海（沖合）漁業

（三）沿岸漁業

日本は地球上では欧米から見ると極東に位置した島国です。古代より海との関わりは深く、日本民族は南方系と北方系の民族が混血した「融合民族」で、「海洋民族」とか「農耕民族」とも言われています。

二三九年卑弥呼が支配した邪馬台国では、倭人は大魚や水鳥を避けるため、入れ墨（現在でいうタトゥー）をしており、水に潜って魚を捕ったり貝類を食べて生活をしていたとの記録が中国の『魏志倭人伝』に記載されています。縄文時代から弥生時代に入ると中国から稲作技術が伝来し、4

漁業種類別生産量と生産額（捕鯨業を除く）

	生産量（千 t）					生産額（億円）
	2000	2010	2012	2013	2013（%）	2013
海面	6 252	5 233	4 798	4 730	*98.7*	13 537
漁業	5 022	4 122	3 759	3 734	*77.9*	9 478
遠洋漁業	855	480	458	396	*8.3*	…
沖合漁業	2 591	2 356	2 210	2 188	*45.7*	…
沿岸漁業	1 576	1 286	1 090	1 150	*24.0*	…
養殖業	1 231	1 111	1 040	996	*20.8*	4 059
内水面（河川，湖沼）	132	79	67	61	*1.3*	857
漁業	71	*40	*33	*31	*0.6*	*169
養殖業	61	1) 39	1) 34	1) 30	*0.6*	687
計	**6 384**	**5 313**	**4 865**	**4 791**	*100.0*	14 394

農林水産省「漁業・養殖業生産統計年報」（インターネット版，2015年2月閲覧）による。確定値。漁業生産量は，漁業（漁獲量）と養殖業（収獲量）の合計。福島第一原発事故の影響により出荷制限・自粛の措置がとられたものを含まず。1）ます類，あゆ，こい，うなぎ。*主要108河川，24湖沼の調査で，販売目的のみ。【☞長期統計528ページ】

2016年版『日本国勢図会』より

世紀には大和朝廷が成立しました。ですから、倭人たちはまた農耕民族といってもよいと思います。『日本書紀』に見られる豊葦原の瑞穂の国です。周りを海に囲まれた日本は、縄文時代から海との関わりが多かったと思われます。その当時は陸地に近い沿岸で漁をしていました。

稲　田　ありがとうございます。では先生、沖合漁業と沿岸漁業のちがいは何ですか。説明して下さい。遠洋漁業は大体理解できます。

横　地　沿岸漁業は10トン未満の小型漁船を中心にして、主に漁業従事者が家族で漁をするもので、大体早朝出漁したり、日帰りで漁をする漁法だと思って下さい。

それに対して、沖合漁業は日本近海の沖合で操業する100トン前後までの漁船による漁業で、大型のまき網を使ったり底曳き網で青魚やエビ、カニ等を中心に獲り、2~3日間操業して帰る漁法と言えます。日本の漁業の中心はこの漁法が多く、総漁獲量の約4割を占めています。漁場は陸地からせいぜい数十キロの範囲になります。
ついでに遠洋漁業についても説明を加えましょう。その名の通り、日本から遠く離れた大西洋をはじめ赤道周辺、インド洋やアフリカ沖まで出かけ、船団を組んで母船式トロール漁法を数ケ月に亘り行う漁業です。その代表で典型的なものが一九四五年以降20世紀末まで盛んであった捕鯨漁業でした。戦後食料難の時代に国民の栄養を補う蛋白源とするため、アメリカより船舶の貸与を受けて外洋に鯨を取りに出かけました。それまで古くより日本では沿岸捕鯨が行われていたという記録があり、鯨をとる技術には長《た》けていました。捕鯨の最盛期には南氷洋へ船団を組んで出かけ、一九五〇年代後半には世界最大の捕鯨国へと成長していきました。しかし、シロナガスクジラ等が絶滅の危機に陥り、また、鯨は哺乳動物だからということで欧米を中心とした世界の国々の反捕鯨意識が高まり、規模を小さくせざるを得なくなりました。

稲　田　日本は捕鯨を止めたのですか。時々、鮮魚店で鯨肉を見かけることもありますが、どうでしょう。

横地　いや止めたのではなく、調査捕鯨の形で現在も出漁していますが、一九五〇年代のように大々的には行っていません。

脇坂　世界各国から「調査捕鯨とは名目であり、実は商業捕鯨ではないか」と反対の声もあがっているようですが。

横地　オーストラリア環境相は「科学調査」に反対の態度を表明しています。反捕鯨団体もピースボート等で妨害を加えてきていますが、日本政府は調査を実行しているのが現状です。捕鯨問題については、人種や宗教、国民性の違いによる動物保護における倫理観の違いの問題も含み、話せば長くなりますので、本題の遠洋漁業に話をもどします。

捕鯨以外には、遠洋まぐろ、はえ縄漁業、遠洋底曳き網漁法が行われています。現在採算面からマグロやカツオ漁が主流になっているようです。要するに、大資本を投じて大型漁船団を組み、漁を行い我々日本人の食卓を潤している訳ですね。
さて眼を大きくして、日本の水産業全体を眺めてみることにします。皆さん、食生活の一端に何か問題に思うことがあれば言ってみて下さい。水産業全体から見た場合でも結構です。

前田　近年漁業従事者も農業従事者と同じように高齢化していると聞いていますが、何か歯止めをかける手立てはないものでしょうか。

横地　二〇〇三年は65歳以上が33・3%、75歳以上は7・0%でしたが、二〇一三年は65歳以上が35・2%、75歳以上が12・8%、となり漁業生産量と就業者数は共に減少しています。

内田　やはり、第一には安定した収入です。他産業従事者よりも、多かれ少なかれ安心した生活ができることです。

北条　そう、現実的に大切なことはやはり所得面でしょうね。しかし、自分の仕事が好きで誇りを持てる職でなければ長続きはしないはずです。特に漁師にとっては生命がけの日もありますから。

山田　生命の面から言えば、危険を冒してまで外洋や沿海に出る方法の「獲る漁業」を何とか考えないとね。何か安全な方法はないかな…。

松永　山田君が意図していることがわかるような気がします。「育てる漁業」でしょう。

山田　全くその通りです！　養殖、すなわち育てて売りさばくことです。

横地　皆さん、なかなか考えていますね。わが国の漁獲量は一九八四年には1282万トンでしたが、継続的な乱獲や、地球温暖化により環境の変化で近海の漁獲高は急速に減って、一九九一年までのわずか七年間で1000万トンを割り、998万トンまでになりました。そこで対策として浮上してきたのが、松永君の言う養殖水産業です。

前田　「養殖」と言えばまず考えられるのは御木本幸吉氏が世界で初めて成功した人工真珠が有名ですが、その他、わかめなどの海草類も近年増産されてきたようですね。

稲　田　特に魚類の養殖には力が入れられているようです。従来は沿岸や近海で獲っていたブリやカツオも、湾岸の入江に網を張り人工のエサを与えて育てる漁協なども増加してきたと聞いています。

「出世魚」といわれるブリの幼魚ハマチや鯛は、いけすの中で育て「ドライペレット」と呼ばれる人工のエサで大きくして出荷するやり方で養殖されています。

その他にはカキやノリみたいに海に網を入れて自然に育てる仕方も行われています。

要は、これらは天候などにあまり左右されない漁法ですから、市場に安定した供給ができることがメリットでしょうね。

松　永　酪農や畜産業と同様に育てて販売するやり方ですか。なるほど。

立　川　そういえば、近年漁獲量の減少の原因の一つに中国が関わっているとの話を聞いたことがありますが、先生どうでしょうか。

横地　そうですね。中国は国土面積約960万㎢に、現在14億人弱の人口を抱えていますので、蛋白源としての魚は欲しいはずです。

幸にも、日本は海洋圏ですので、周りに広い海があります。各国は沿岸から200カイリの排他的経済水域を持っていますが、その外側の海は「公海」と言って自由に通行でき漁業に利用してもよい権利が「国連海洋法」で認められています。それをよいことに、中国漁船は太平洋方面にまで進出して、アジ・サバ・鯛、さらに海底にいるヒラメ・カレイ・アンコウなどの魚獲を行って

世界の水産物輸出入（単位　百万ドル）

輸出	2010	2011	輸入	2010	2011
日本…………	2 014	1 939	日本…………	15 176	17 728
中国…………	13 475	17 229	アメリカ合衆国	15 641	17 633
ノルウェー……	8 853	9 484	中国…………	6 343	7 798
タイ…………	7 166	8 160	スペイン……	6 544	7 342
ベトナム……	5 123	6 260	フランス……	6 010	6 629
アメリカ合衆国	4 775	5 901	イタリア……	5 404	6 250
チリ…………	3 511	4 631	ドイツ………	4 763	5 565
世界計×……	**111 461**	**130 453**	世界計×……	**112 706**	**131 683**

FAO FishStatJ "Fisheries commodities production and trade 1976-2011"（2015年3月閲覧）による。輸出には再輸出を含まない。×その他とも。

2016年版『日本国勢図会』より

います。皆さん御承知のように、先日の新聞や他のマスメディアに報道されていた深海の赤サンゴまでも、金になると思われるものを中心に乱獲していきます。特に青魚や他の魚類は幼魚までゴッソリ獲って帰国しています。それもわが国の魚獲量減少要因の一つと言えます。

日本の水産庁はこうした現状を踏まえ、資源保護のため魚網の目を少し大きめにして幼魚は獲らないように指導しているようです。また水産物の輸入について言えば、魚獲量が減少したからでしょうか、輸入量はアメリカに次いで日本は世界第二位です。

政府は、国民への水産物の安定供給を図るため、計画的に資源管理に取り組む漁業者を対象に、漁業共済の仕組みを活用した「資源管理及び収入の安定策」を講じ、総合的な経営安定対策を構築する「資源管理、漁業経営安定対策」を実施することを水産庁で発表しました。

ここまで食生活について、主に農業及び水産業の観点から見てきました。蛇足で申し訳ありませんが、皆さん、家族揃って食事する時、食前に「いただきます」といいますか。

稲田　言ったことはありません、恥ずかしいから。

脇坂　親のものまねをして両手を合わせて「いただきます」と言って食べ始めます。

内田　言います。

横地　ではなぜ、「いただきます」と言うのですか。

内田　小さい時からの習慣で号令みたいなものです。

横地　親御さんからその理由について教えてもらったことはありませんか。

内田　特に理由を説明してもらったことはありません。

横地　では私からその理由をお話ししましょう。

「いただく」とは、私達人間が自然界の動植物の生命を頂きながらこの世に生き永らえる糧として感謝の気持ちを込めてあなた（動植物）の生命をちょうだしているからと仏教的には教えられているからです。

人間の命が限りあるように、地球上のすべての生命はかけがえのない大切なものですから、ムダ使いせず、未来に残していきたいものですね。

日本の林業と将来の展望

横　地　次に住居に関連のある林業について話を進めていきましょう。皆さんの中で誰からでも結構です。林業について、また自分の住居について感じたり、疑問に思ったりしていることがあれば言って下さい。

原　田　数年前、私の叔父さんが、家の新築を計画したのですが、国産の杉や桧の単価が高くて、予算面から結局、外材を多く使用するはめになりました。

そこでお尋ねしますが、外材といっても多種多様にありますよね。例えば、水気の多い所にはチーク材とか、使用目的で違うでしょう。外材の輸入はどこの国からが多いでしょうかね。

立川　私は先日、家族で夕食をするために街のレストランに行きましたが、その店の構えは「ログハウス」でした。丸太を組んで作った家です。たしか「カナダ産」と言っていたかな。

横地　木材の輸入は世界各国から行われています。さきほど原田君が言っていたチーク材は、東南アジア産が多く、もともと船舶用として使用する目的で輸入されていましたが、現在では、一般家庭の水まわり床材として多く使用されているよ

表 13-9　産地別木材供給量（2013年）

	千m³	%		千m³	%
輸入用材	52 750	*69.9*	オーストラリア材	4 106	*5.4*
米材	13 942	*18.5*	中国材	2 483	*3.3*
カナダ	7 717	*10.2*	北洋材 2)	2 380	*3.2*
アメリカ合衆国	6 225	*8.2*	ニュージーランド材	2 217	*2.9*
欧州材	6 754	*8.9*	その他	9 812	*13.0*
南洋材 1)	6 439	*8.5*	輸入薪炭材	974	*1.3*
マレーシア	3 518	*4.7*	国産材	21 741	*28.8*
インドネシア	2 787	*3.7*			
チリ材	4 617	*6.1*	総供給量	**75 465**	*100.0*

林野庁「木材需給表」(2013年) および林野庁資料による。1) その他の国を含む。2) 主にロシア沿海州およびサハリンの木材。

2016年版『日本国勢図会』より

うです。また、輸入元の国としては、立川君が言った通り、カナダからの輸入がアメリカと共に全体の20％弱を示しています。次の図の通りになっています。

日本の森林面積は、２５０８万ヘクタールありますが、国有林はそのうち約30％、残りの約70％が民有林です。

一九六〇年は木材自給率が89％ありましたが、一九八〇年代には１兆１５８２億円あった産出額が10年後あたりから、急速に減っていきました。当時の日本は、高度経済成長期でしたので、住宅の建設などに使われ木材の需要が急増した訳です。当然、不足分は海外から原木をはじめ、加工合板やチップなどの他にも、皆さんよくご存知のベニヤ板などの加工材を取り寄せ、輸入が増加してた訳です。価格面から言っても、外材は安く入手できますよね。当然、原田君の叔父さんのような例も多く見受けられるようになります。

わが国は海洋国ですので、湿気が高くて、家の建設となると、やはりメイド・イン・ジャパンの木材による木造建設が好まれます。

木材の特性として、乾燥期には収縮するので外気が流入し易く、湿度の高い梅雨期には木材が膨張するので、日本の気候には木材が適している訳です。古代から高床式住居や倉庫として利用されてきた東大寺正倉院の校倉《あぜくら》造りなどの例は、皆さん知っての通り、その典型的なものです。

また一九五〇年以降、わが国では大規模に杉、桧などの植林が行われ、20世紀末ごろから、利用可能な人工材が急増してきました。

その結果、21世紀に入ると、その花粉が原因でアレルギー反応を起こす人が急増してきました。当初は単なる風邪として薬の処方がされていた訳ですが、花粉が原因とわかり、花粉症と命名されました。

かく言う私も、約40年間大変つらい思いをしてきました。早い人は二月頃から始まり、四月末頃まで一年の約1／4の期間は花粉症に悩むことになります。国民の生産意欲の低下の一因にもなります。そこで、林野庁の方でも花粉症対策事業を開始しました。スギ花粉対策苗木を二〇一三年度の201万本から、二〇一七年度には１０００万本と供給量拡大を目指して、二〇一六年度の予算として１０６６億円配分し、スギ人工林等の立木の伐採など行う予定だそうです。さらに治山事業としては、

（１）集中豪雨・地震等に起因する山地災害の防災、減災のため、森林整備に加え、予防治山事業を強化する

（２）中山間地域における治山等激甚災害対策特別緊急事業区域の拡大

（３）火山噴火後の山地災害の未然防止のため、降灰状況等の調査や、火山泥流等の流下を防ぐ緊急的な対策を、治山施設の設置や防災林の整備等と一体的に実施する

（４）全国８００の市町村の特性に応じた森林の保全管理等の取組み

（５）長期にわたり手入れをしなかったと考えられる森林の整備

以上の項目の実施を目指すことにしているようです。

歴史的に見れば封建制度のもとで名君と言われた領主達は、治山・治水事業

に長《た》けて有能であったと思います。

現在、地球は温室効果ガスによって温暖化しています。国連をはじめ、各国でその予防対策が講じられていますが、発展途上国の主張もあり、足並みがそろわないのが現実に見られ、対策の遅れが懸念されます。

地球温暖化防止のためには各国が懸命に取り組む必要があります。皆さんもご存知のように、森林はCO_2を吸収して、O_2を出す作用をしています。国連では砂漠の植林への取り組み（緑化事業）をはじめ、植林事業を広げる運動を続けています。その運動に逆行するかのように、熱帯雨林の大規模な開発といって山林を伐採している人々がいます。私は日本がその一翼を担っているのではないかと懸念しています。例えばその一例として、皆さんが外食する場合に使う割り箸があります。この材料は、違法伐採された外材が材料の主体です。私達はこの箸を使わないで、わが国に豊かにある竹を利用したものに替えなければならないと私は思っていますが、皆さんはどうでしょうか。

それから、林業経営の採算性は、他の産業に比べても低く、将来の展望が楽観視できるとは言えません。そんな訳で、間伐材などの手入れをしたり森林資源の活用は進んでいません。さらに、農業と同様に、林業経営に携わる人は、高齢化し減少の傾向にあります。

さあ皆さん、この現状をどのように捉え、解決すれば良いと思いますか。指名は致しません。意見があれば、自由に述べて下さい。

山田　新規林業就業者をどう育成するかにかかっていると思います。

脇坂　農村と同じように、大変難しいでしょうが、山村に若者を呼び込み、活性化することが先決だと思います。将来、林業に関心を持ち林業を志す意欲あふれる若者の育成が大切です。

一つの手立てとしては公共団体と一体になり、世話をする行政の取り組みが必要だと思います。

例えば、都市から若者のUターン組を迎えるに当たっては、離農した人々の空き家をタダで斡旋して住むに困らない状況を確保してあげたりすることが必要でしょう。それから地方の林業人材育成は、少なくとも高校生の頃から始めなければなりません。中学生の段階までは将来の見通しや、人生設計が不充分でゆれ動く時期ですから。

横　地　やはり、この問題も人づくりでしょうか。「国家百年の大計は人づくりにあり」と当初申し上げた通りだと思います。行政も大所・高所の観点から予算的な配慮をすることも必要になるかと思いますが。

前　田　農林水産省の予算の増額が必要になりますね。林業を専門とする学校を建てたり、山林の集約化と、機械化を推進できる手立てを考えるべきだと思います。

本　多　私有林を持っている人の多くは高齢の兼業農家が多いと思いますので、機械化するには資金が必要です。そこで希望農家には、超低金利（0％）近くで貸し出すなども、選択肢の一つとして考えて、検討する余地がありそうに思います。要は農業と同様、将来の若者が林業に魅力を感じるような手段をこれから模索して行くべきだということです。

年がら年中、林業、山の仕事に追い回されず、林業に携わる人々の定期的な集会や宴会、旅行なども計画し、楽しい一日を年間数日設けるなどをして、林業をする人々の心のつながりを大切にすることや、現在はインターネットの時代ですから、インターネットを使った全国展開をする中で、農山村でも都市と同じような生活ができることを知るようになれば、少しづつ変化が見られ、希望が持てると思いますが、どうでしょうか。

横　地　いい案が出て来ましたね。林業についても話は尽きませんが、後は行政及び「未来の賢者」におまかせしましょう。

第三章　新しい環境との関わり方

横　地　ここで、食物と人類、そして環境問題について概説してみることにします。

自然界の生態系は、相互に依存しながら環境に適応しています。食の循環から見ると、海のプランクトンを魚介類が食べて、その魚貝類が鳥類へ、さらに人間へ、そして最後は排泄物として排出され、それがまた海のプランクトンへと戻る食物連鎖があります。

エコシステム（生態系）は自然のバランスの中で成り立ち「数のピラミッドの法則」とも言われ、食べられる側が食べる側より多くなければ、自然界のサイクルは成立しません。

ところが、18世紀末より産業革命が進んだ結果、科学技術の発達に伴い、人間は、自分たちの生活の豊かさを求めて、森林伐採したり、冷蔵庫やエアコンなどから科学物質の特定フロン（クロロフルオロカーボンフロン）を自然界（大気中）に放出したりした結果、二〇〇〇年には南極大陸の二倍の広さにまでオゾン層を破壊し、オゾンホールを形成したといわれています。これにより、太陽からの紫外線が直接地球上に降り注ぐ量が増加し、人類に皮膚癌を発生させたり、環境に悪影響を与えたりしはじめました。

わが国では、有害物質が魚介（貝）類などに濃縮（生物濃縮）された結果、水俣病をはじめ富山県神通川流域の住民被害、いわゆる「イタイイタイ病」など「公害病」を生み出してしまいました。

一九六〇年代に日本政府が高度経済成長政策を採ったことで、アメリカに次ぐ世界第二位の経済大国へと成長しました。しかし、逆にマイナス面として、大気汚染、水質汚染、騒音振動や悪臭などの公害を生み

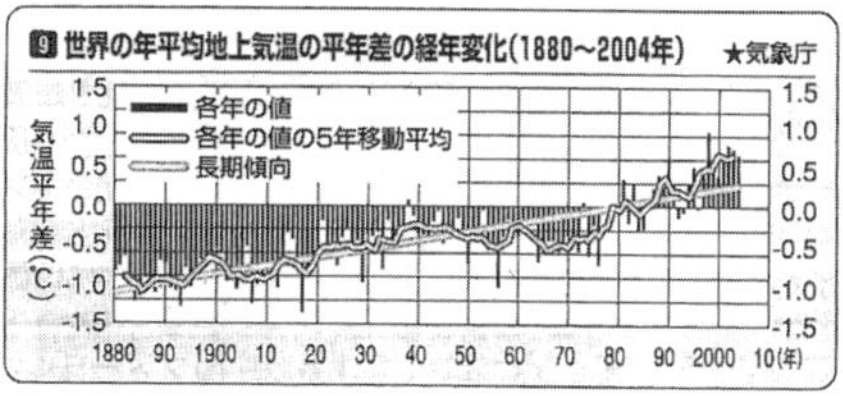

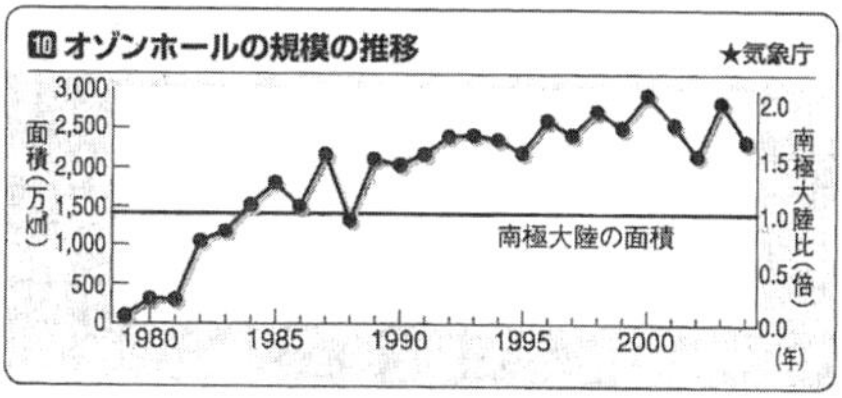

朝日現代用語「知恵蔵」2006

出したのです。

その頃は「公害大国日本」ともいわれ、国民は塗炭の苦しみを味わわされました。やがて、国民の公害反対運動の声が高まる中で、政府はその対策として、「環境アセスメント（環境影響調査・環境事前調査）」を立ち上げ、自然破壊の防止を目的とした法律として、一九六七（昭和42）年「公害対策基本法」を制定、さらに翌一九六八年には「大気汚染防止法」を制定しました。これは後に、一九九三年十一月の「環境基本法」施行に伴い、統合されて現在に至っています。

これに関連して次の話題は、国民生活と切っても切り離せない、我々の生命線とも言えるエネルギー関係について、話を進めていきたいと思います。

まず、人類にとってのエネルギーは、歴史的にはどのような経緯をたどって今に至っているのでしょうか。原田君、指名して悪いと思いますが、お話をして下さい。

原田　エネルギー、すなわち「火」ですよね。原始社会から人間は火の使用をしてきました。まず薪炭です。その後、わが国では九州地方で「燃える石」を使い、新潟地方では「燃える水」を発見して、石炭・石油の名のもとに使用してきています。それらの化石燃料は18世紀後半から始まった産業革命以降大切にされてきました。

第二次世界大戦後、わが国では経済的な理由から「エネルギー革命」といわれるような石炭から石油へのエネルギー源のシフトがありました。さらに近年では、「第三の火」ともいわれる原子力も利用され、発電力とされています。

横地　大体、君の言う通りです。それについて皆さん方が知っていることや、わからない点や疑問に思うことがあれば、皆さん共々私も学んでいきたいと思いますので、自由に発言して下さい。

脇坂　先生、原子力発電については福島第一原子力発電所の事故もあり、原発廃止とか継続とかで揺れ動いていますが、どうなるのでしょうか。

横　地　初めから「原子力」の問題ときましたか。たしかに、今の安倍政権になってからは、原発再稼働の方向に動いているようです。地下に直下型断層がある地域の原発こそ廃炉が決定されていますが、前民主党政権の場合には原発自体を全面的に廃炉する方針を採っていました。しかし、安倍政権になってからは180度政策転換し、安全が確認された原発については、再稼働の方針を採っているようです。直近では九州電力川内原発の二基の再稼働が認められました。

内　田　原子力に関係して「プルサーマル計画」という話を聞いたことがありますが、誰か知っていますか。

前　田　簡単にいえば、原子炉の核燃料として使用されたウランやプルトニウムを再処理して、リサイクルすることでしょう。

横　地　そうですね、日本の原子炉では過去、燃え残りの再処理をイギリスやフランスに依存して、再利用してきました。しかし、東京電力福島第一原発事故発生後、計画は中止されています。実は、プルサーマルという英語はありません。いわゆる和製英語のようです。
原発は最新の技術ですが、色々と問題点も多いので、話題にはこと欠きません。しかし、脱原発の声もある中で原子力以外のエネルギー源はないものか、考えてみて下さい。原発問題は専門的な面がありすぎます。深入りはさけて、消化不良気味ですが、他のエネルギー資源に目を向けることにして、このあたりで終わりましょう。

北条　そういえば以前、水力発電が主流を占めた時期がありましたが現在はどうでしょうか。

横地　日本の「発電源別発電電力量」は表の通りです。水力発電への依存度は大体一定であ

発電源別発電電力量（一般電気事業者）（会計年度）

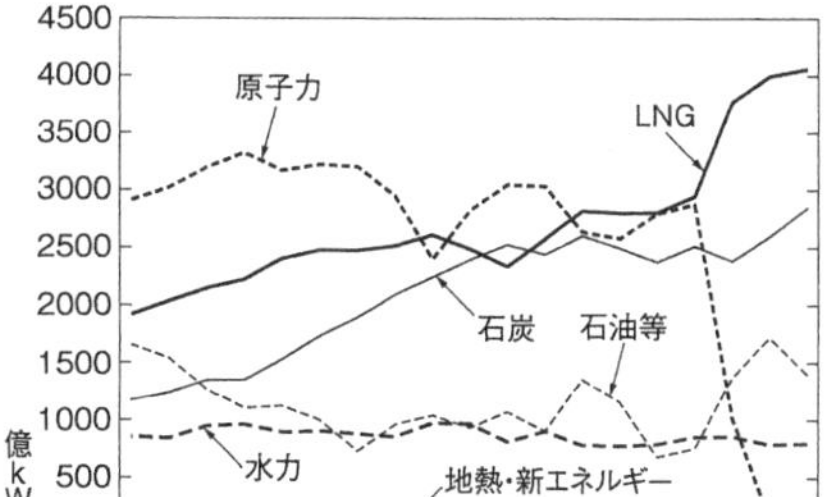

資源エネルギー庁「電源開発の概要」（2010年度）による。2010年度以降は電気事業連合会会長定例記者会見（2014年５月23日）で公表された発電電力量と電源別構成比から編者が算出したもの（実数は公表されていない）。受電分を含む。石油等にはLPGやその他のガスを含む。

2016年版『日本国勢図会』より

まり変化はありませんが、工業技術や科学技術の発達による電力需要が高まって来た訳ですね。水力外のエネルギー源としては何が考えられますか。水力以外に。

立川　発電量を増やすにはLNG（液化天然ガス）、石炭、火力発電でしょう。

山田　最近では石油よりもLNGの輸入が急増しているそうです。

池田　大型風車を利用した「風力」もあります。

原田　それからクリーンエネルギーとして「太陽光」や、波力を用いた「海洋発電」、火山活動の熱を利用した「地熱発電」もあります。九州には九重地熱発電研究所が設置されています。

横地　発電の方法は要約すれば、①水力、②火力、③原子力、④風力、⑤太陽光という5つのパターンが考えられるということですね。

世界で人類初の原子爆弾の被害を受けた日本人は、いくら原子力の平和利用といっても「ナーバス」になっていて一種の「核アレルギー」が他民族より強いと思います。したがって、核による発電方法は福島第一原発の例もあるので、よりクリーンな発電方法に転換する方策が求められると思います。

わが国のエネルギーの歴史において、転換点となった一九七〇年代、二度に亘る石油危機に直面した経験が、石油中心のエネルギー政策から石炭、ＬＮＧ、原子力へ、という発電のためのエネルギー源の多様化を実現させ、電力を安全かつ安定的に供給できるエネルギー源をその都度選択する政

一次エネルギー供給割合の推移（会計年度）

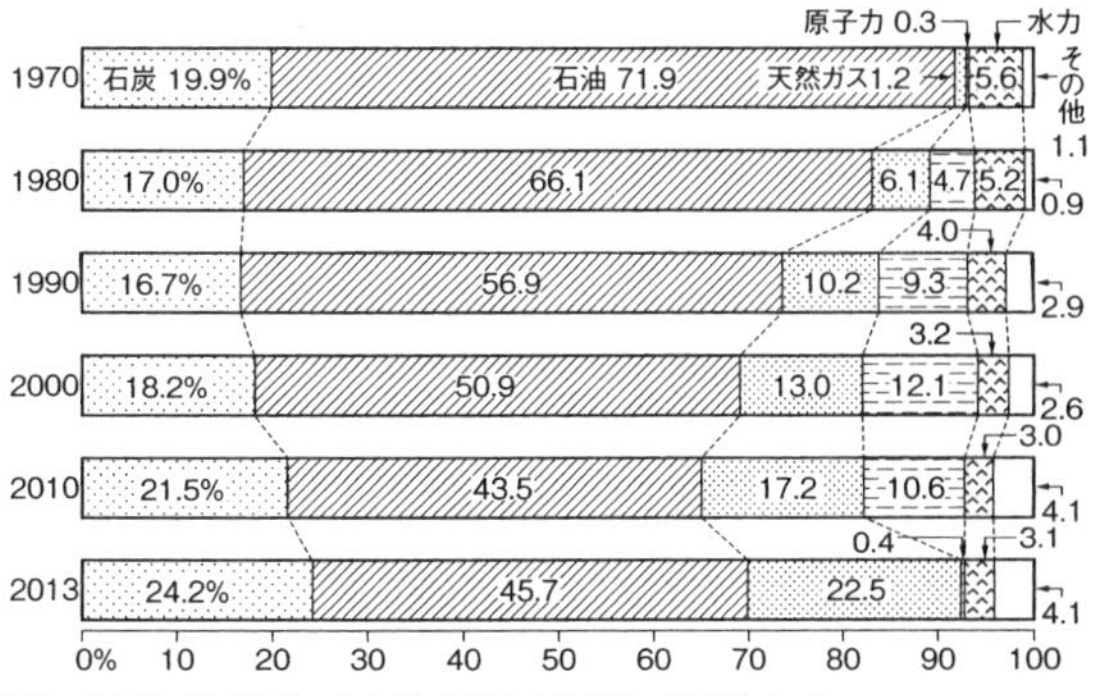

資源エネルギー庁「総合エネルギー統計」より作成。総供給ベース。

2016年版『日本国勢図会』より

策を採用できるようになりました。しかし、現政権下では、まだ安全面に課題のある原発による発電に未練を感じていて、立地条件や安全面の条件がクリアできた原発は再稼働させるという方針を示しています。

電気事業は国民生活にとって不可欠であり、現代社会では電力がなければ極端な話、私たちが生きていくことが困難ですらあると言えるでしょう。それほど日常生活には大切なもので、重要なことなのです。

図 10-4　家庭用エネルギー消費の内訳

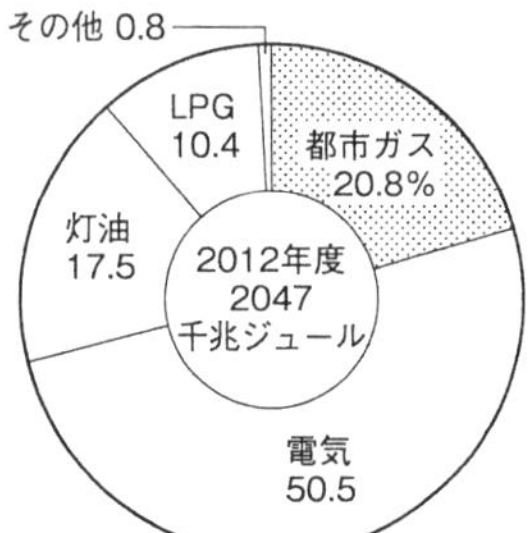

資源エネルギー庁「総合エネルギー統計」による。

2016年版『日本国勢図会』より

電力と同様、家庭生活のエネルギー源として次に大切なものに都市ガスが考えられます。政府はガス事業法の改正を行い、二〇一五年家庭向け全面自由化にしてきました。なお、家庭用エネルギー消費の内訳については図の通りになっています。

また、二〇一四年の都市ガス販売を用途別に見れば、工業用54・6％、家庭用25・8％、商業用11・7％でした。一九九〇年から二〇一四年までの間にガス利用の伸びは家庭用が1・3倍、商業用が1・7倍の伸び率を示したのに対し、工業の発展と科学技術の発達により、工業用都市ガスへの販売依存度は高まり、5・3倍に拡大してきました。

北　条　では、クリーンエネルギーの太陽光発電の現状はどうでしょうか。父の会社でも屋根に数基パネルを設置し、工業用発電の一部として利用しているようですが。

本　多　太陽光発電については、初期にはパネル価格が高くて、家庭用としてはあまり利用されていませんでしたが、近年は政府の補助等もあり、普及率が急速に高まっているようです。我が家も四基設置して使用していますし、余った電力は売電できますので、魅力的ですね。

池　田　たしか、政府もエネルギー政策の一つとし、主要電力会社の販売以外に、商業用として一般企業の売電事業参加を承認しているようですが。

稲田　地方住まいの祖父の家の近くには休耕田や日照条件のよい土地に、太陽光パネルを設置している場所が多く見受けられます。いわゆる「メガソーラー発電」といわれるパネルで、10キロワット以上の発電能力があると思われます。20年間にわたる総量買い取り制度があるのを利用して、商業化しているのでしょう。

脇坂　先生、一般住宅からの余剰電力の買い入れ価格は、1キロワット31円として、私達家庭で使用した電気料金は現在1キロワット当たり夜間10・39円日中平均33・2円、リビング時22・8円の請求がきますので、31円で買い取り25円で売るとなると電力会社は大幅な赤字になると思いますが、そこはどうなっていますか。

横地　私達国民の立場からすれば商業上は高く買って安く売ることなど考えられませんよね。以前農政の食管会計でも同じような仕組みがありましたが、そこは、うまく考えられていて、私達国民が、一戸一戸法令に基づき負担することになっていますので、電力会社に損はないことになっています。

皆さん方各家庭に毎月電気使用量のお知らせが配布されるのを見たことがあると思いますが、請求書の内訳は、①基本料金１６２０円、②使用量、③「再エネ賦課金」というようになっています。この③が国民全戸に法令で支払いを義務づけたものです。

「再エネ賦課金」とは、「再生可能エネルギー固定価格買い取り制度」に対して国が電力会社に保障したもので、電気利用者から賦課金という形で徴収できる料金のことをいいます。太陽熱発電や風力・地熱・バイオ等を利用するクリーンな発電がこれに該当します。この「再エネ賦課金」は、各戸が電気使用量に応じて支払いますから、戸別に金額の相違が出て来ます。これからの社会では、クリーンエネルギー関係の施設増加が見込まれます。

それから、自動車産業ではハイブリッド車から電気自動車へと変わりつつありますので、各家庭でも充電できるようになるでしょうから、先行き期待が持てます。しかし、そのための充電バッテリーは現在は価格が高すぎるので、個人で購入すると採算がとれません。ですから、家庭に充電設備ができるのはもっと先のことと思います。

一日も早く、その日が来ることが望まれます。今後に期待しましょう。商品は消費量が多くなれば価格は下がりますから、10年先の皆さん達は期待が持てますよ。

工業発展の歴史から学ぶ

横地　さて、ここからは、我が国の工業の歴史的発展について、皆さんに質問も交えながら総括してみたいと思います。

以前にもお話しましたが、わが国の産業革命はイギリスに遅れること約100年、その後のわが国の工業の歴史につけて概観する中で戦争との関わりの中から考えてみたいと思います。

明治維新後の一八七二（明治五）年、群馬県富岡にフランス式製糸工場がブリューナの指導で開設されました。皆さんご存知の世界遺産、富岡製糸場です。その後、一八九四年～九五年、約二十年の間に隣国中国（清）との日清戦争が起こりました。さらに10年後の一九〇四年～一五年には日露戦争が起こり、工業は飛躍的に発展してきました。そして一九一四年からヨーロッパでオーストリア皇太子夫妻暗殺事件がサラエボで起きたのをきっかけに、第一次世界大戦へと発展しました。10年ごとに戦争があり、最後に一九三九年から一九四五年にかけて第二次世界大戦が起こりました。

かけ足で概説しましたが、少しくわしく見ていきましょう。

日清戦争は、わが国が殖産興業を合言葉に、まだ明治維新後の政策に力を注いでいる最中、隣国朝鮮半島の支配権を巡って、勃発した戦争です。この戦いに勝利した日本は、強い軍隊を持つ必要性に迫られ、工業化を推し進めました。その典型的な例が一八九七年から建設が始められ、一九〇一年創業開始した官営八幡製鉄所です。

ここで皆さんにお尋ねします。まず工業施設の立地条件として必要なことは何でしょうか。誰でも結構です。

北条　まず工業原料があることでしょう。それにくわえて、水が近くにあることや輸送手段があることなどが考えられますが。

内田　働く人、労働力があることです。

横地　では、なぜ八幡に起業したのですか。現在では北九州工業地帯の中心として発展の原動力になったといわれていますが。

山田　地元の人達の協力や推薦があったからと聞いたことがあります。

北条　先生、本当のところを教えて下さいますか。

鉄鋼の主な製造工程

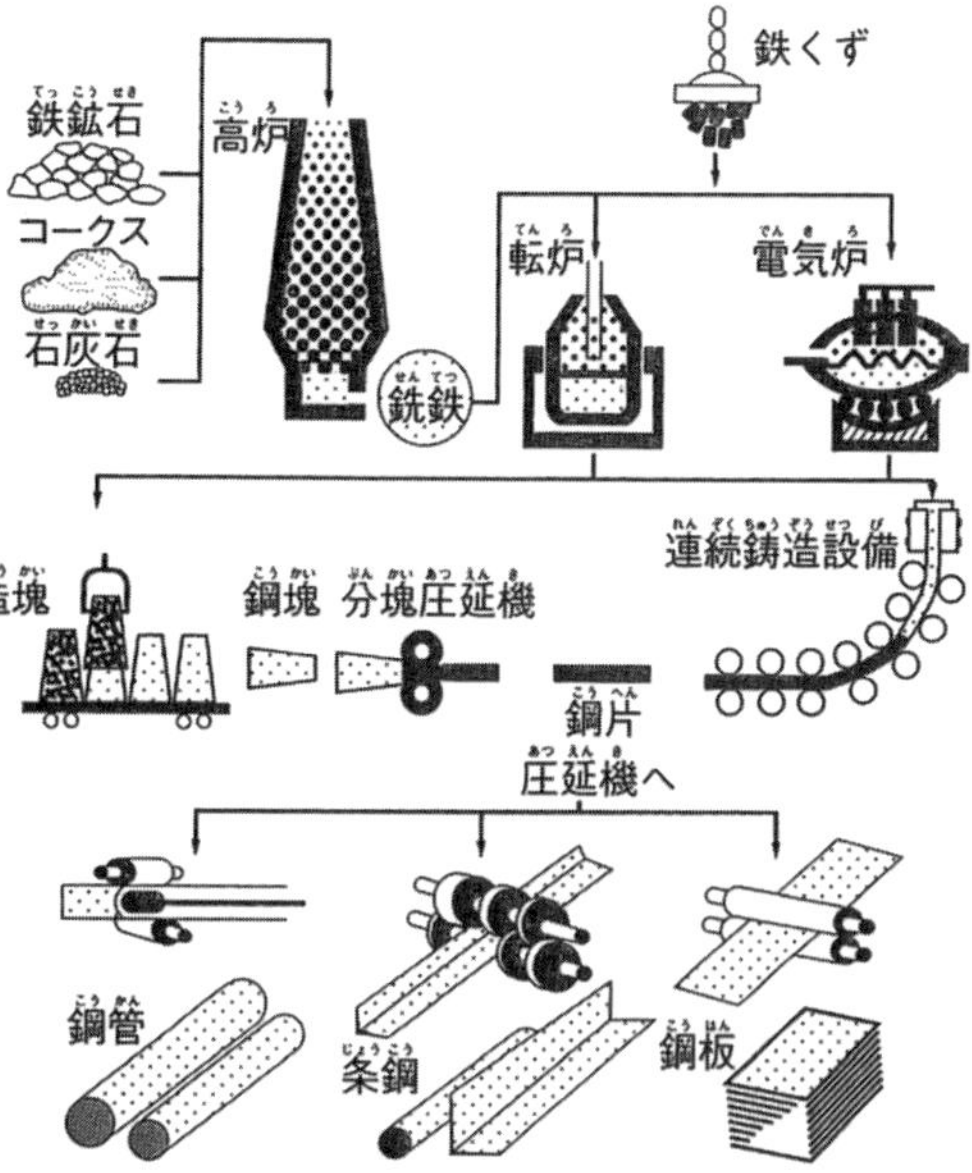

鉄鉱石とコークスを高炉に入れて，還元・溶解して取り出したものが銑鉄で，この銑鉄を転炉や電気炉に移し，鉄の中の炭素含有量を減らしたり，ほかの金属元素を添加したものが鋼である。
連続鋳造設備は，造塊と分塊の作業を行わずに，溶けた鋼から直接，半製品をつくる設備である。鋼を冷やしたり，熱したりする必要がないので，効率がよく，エネルギーも節約できる生産工程である。

2016年版『日本国勢図会』より

横地　まず工業の立地条件として必要なものは北条君や内田君の言う通りですが、それを考えて、八幡に決定された理由をまとめてみましょう。

製鉄の原料には①鉄鉱石、②石炭、③石灰石、④鉄くずが必要です。①原料の鉄鉱石は中国の大冶鉄山《だいやてつざん》から輸入します。②の石炭は地元の筑豊炭田が豊富な埋蔵量をもちますし、また中国の撫順炭田《フーシュンたんでん》からも輸入しています。③の石灰石は日本には豊富にあり、近くには産出地として平尾台や秋吉台がありますす。それに水は遠賀川《おんががわ》から引いてきます。

以上で原料などの条件は揃った訳ですが、あと一つ大きな理由がありました。それは何だと思いますか。

稲田　思い当たりませんし、聞いたことも学んだこともありません。

北条　輸送手段でしょうか。

横地　輸送手段も大切ですが、地理的に国策上から考える必要がありました。

脇坂　先生、それは何でしょうか。

横地　八幡は地理的に見た場合、外洋（玄界灘）から八幡との間に洞海湾があって、若松が半島の形をしていますので、外洋からは見えません。何か戦争が起こった場合でも、直接攻撃の対象にはならないのです。当時航空機による攻撃は考えられませんでしたから、これも大きな理由だったと私は父から教わったことがありました。また、石炭は筑豊炭田から遠賀川経由で芦屋に運ばれていたそうですが、後には堀川が掘削されたので、折尾まで運ばれていました。

ところで、日清戦争に勝利した日本は下関条約を有利な条件で締結はしましたが、折角獲得した遼東半島をロシアが主導する形で仏・独とともに返還を強要されたので清国に返還した、いわゆる「三国干渉」がありました。復讐の思いがつのる日本国内の世論は、「臥薪嘗胆」の合言葉で反撃の機運が高まり、それが後の中国東北部の支配を巡る日露戦争になった訳です。軍事費の少ない日本は、一九〇二年にイギリスと日英同盟を結んでいたため、イギリスから軍費13億円のうちの7億円の借金をしてロシアと戦った訳です。有利な戦いで陸海各地で勝利をあげた日本は、米・英・仏の仲介でロシアとポーツマス条約を結び、サハリンの北緯50度以南割譲や沿海州の漁業権を認めさせたという歴史があります。第二次大戦で敗れた日本は、この北方領土四島をロシアに奪われてしまいました。

話はワープしますが、21世紀の今日、ロシアが北方領土を返還しないのも、こういった背景に一因があるのかもしれません。一度失った領土はなかなか還ってきません。是非、君たちの世代には北方四島だけは外交交渉の中での平和的な手段で返還を実現して欲しいと思っています。

日清戦争前後は、蒸気を動力源とした製糸・紡績など軽工業が主産業でした。日露戦争後は電力を中心にした重工業部門が進行してきたのです。それが前に述べた、官営八幡製鉄所です。これは「第二次産業革命」といわれます。資本主義経済の社会は、市場経済の原則を取り入れながら少しずつ発展していきます。生産過剰による価格の下落等もありますが、価格は需給のバランスによって決定します。不況↓回復↓好況↓恐慌↓不況のサイクルで変動していくことは前にも話に出てきましたね。日露戦争後の日本経済は軍備拡張や植民地経営、戦中の借金返済などで財政が悪化し、「日比谷公園焼打ち事件」等も発生したことは、皆さんも歴史を学んでご承知のことと思います。日清戦争後の好況の反動として、日露戦争後は企業が倒産し不況が慢性化しました。ここまでが鉄鋼業を中心とした第二次産業革命として考えられると思います。

一九一四年サラエボで起こったオーストリア皇太子夫妻暗殺事件は、単なるオーストリアとスラブ系セルビア人の戦いにとどまらず、4カ国同盟国対27カ国の連合国との世界的戦争に拡大しました。戦争には今だかつてない航空機や武器が使用され、各国は大戦を通じて化学工業の育成に力を注ぎました。

日本は医薬品をはじめ化学製品の大半をドイツから輸入していましたが、輸入が出来なくなったので国内の化学工業を急ぎ育てる必要に迫られた訳です。

そこで、日本は日英同盟の立場からアジアにおけるドイツ軍の拠点に攻撃を加え参戦しました。この大戦を通してわが国の重化学工業が官民一体となって育成されてきました。したがって、日本の産業革命の歴史からいえば、このあたりが重化学工業の発展時期ととらえることができると思います。

一九一九年六月パリで講和会議が開かれ、ドイツへの対策として軍備の制限・賠償金支払い問題等が話し合われました。わが国は戦勝国として中国山東省の旧ドイツ権益や南洋諸島の委任統治権が承認されたのです。

一九二〇年代は国際協調外交の時代と言われています。一九三〇年代に入るとわが国では軍部が抬頭しはじめ、満州事変などを引きおこし国際連盟を脱退した結果、国際社会から取り残され、やがて第二次世界大戦に突入せざるを得なくなってきたのです。

第二次大戦によって日本の産業は壊滅的な打撃を受け、今まで築き上げてきた、工業地帯の2／3が破壊され、戦後、一から出発し直すことになりました。戦後は前述の通りです。日本民族のしたたかさと根性で世界を驚かせています。日本の工業は戦争を繰り返すなかで発展してきたともいえますが、工業発展の「遺産」として受け継がれているものは、これからも平和的に育てていく必要があると思います。

皆さん、如何でしたか。有権者になるにあたって、しっかりと日本を理解し誰を選べば皆さん達のよりよい未来が実現できるか、考えなければなりません。最後になりますが皆さん達若者のご意見を伺うことができて、本当に有難うございました。昭和一桁生まれの私にとっても良い意見をいただき勉強になりました。

二十一世紀に生きる皆さんは、これからいろんな苦しみや困難に遭遇する時もあるかと思いますが、一度の人生です。常に前向きに、アグレッシブな態度で努力して下さい。昔から「若い時の苦労は買ってでもせよ」と私は先輩たちに教えられてきました。良い時は、「勝って兜《かぶと》の緒を締め」、反面、苦しい時や悪い事態が出来《しゅったい》した場合は、「臥薪嘗胆」の気持ちで、再起の時を窺う気持ちが大切だと思います。「人生至るところ青山あり」です。[註⑪]「人間万事塞翁が馬」です。これは中国の故事で、人々が老人塞翁に事あるごとに同情したり、喜びの言葉を述べたりしましたが、塞翁は「福必ずしも福ならず、禍必ずしも禍ならず」と答えた故事を意味しています。物事はどう転ぶかわかりませんから、若い時は失敗を恐れずにチャレンジする事が大切です。これも故事になりますが、「失敗は成功の元なり」という言葉があります。

私は若い時から剣道に勤《いそ》しんで参りましたが、三本勝負の試合の時、初めの一本は勝利したが、その後二本取られて逆転負けをしたことが数えきれない程ありました。私の先生からは絶対に初太刀は取れと言われて試合に臨んだのですが、一本取った安心感による気の緩みから、たてつづけに二本取られ、敗者になってチームに迷惑をかけたことが何度もありました。守りに入り、先生の教えである「攻撃は最大の防御なり」を忘れ、「勝って兜の緒を締め」なかった結果だと思います。

学問にしろスポーツにしろ、「継続は力なり」と言われています。ですから、諦めることが一番の大敵です。諦めずにコツコツと努力すれば、自《おの》ずから結果はついてくるものです。春秋に富んだ皆さんにエールを送りながら、感謝のことばにさせていただきます。本日迄何かと多用なこともあったでしょうが、私の計画にご賛同いただき本当に有難うございました。

Good luck in your future!

未来に幸あれ!! これをもちまして今回の会談を終わることにします。重ねてお礼申し上げます。

最後に御多忙中にも拘わらず私の計画に御賛同いただき今回の記録の大役を務めていただいた皆さん方の先輩に厚くお礼申し上げます。

あとがき

次世代の若者達の考えがどこにあるのかを模索するチャンスと考えて企画した内容ですが、高校生たちが案外日本の現状や置かれている立場を理解しているのに、まず驚かされました。話の内容は多岐にわたり、題材も多く、もっと日数をかけてじっくり討議する時間が欲しかったとの意見もありました。

私は、このような高校生たちがいることに安らぎを感じ、かつて筆者にも、将来の日本を憂う気持ちがどこかにありましたが、若干減少した気が致しました。

選挙権年齢の引き下げをめぐって問題視されていた有権者の政治的成熟についても、将来の日本を牽引出来るような若手が育って来ているように感じたので、嬉しく思いました。

しかし、「財政面での憂い」は相変わらず、という状態が続くでしょう。国債などの借金解消への努力は、早急に政府ともども国会で取り組まねばなりません。誠に憂うべきは、社会保障と財政健全化の道程へ向けて日本が抱える、極めて難しい経済政策の問題です。ここには人口減少・少子化・高齢化格差社会などの問題も包含されており、さらには将来へ向けて、かつてのような「自給自足の日本」を見つめ直す意識も必要になってくるという、最重要政策課題が待っています。これが『国家百年の大計は人づくりにあり』とした本書のもう一つの主題なのです。

本書執筆中の去る四月、熊本で震災が起きました。被災者及び逝去された方々に心より哀悼の意を捧げますとともに、一日も早く元の平穏な生活を取り戻されますことを祈念致します。尚、私事で恐れ入りますが、本書の御購読希望者がおられましたら、書籍代の一部を被災地熊本県への義捐金として協力させていただく所存です。宜しくお願い申し上げます。

平成二十八年七月

【注記一覧】

註①　管子「倉廩実ちて則ち礼節を知り、衣食足って則ち栄辱を知る」。その意味は、倉の中の品物が豊富になってくると、人ははじめて礼節を知ることができ、日常生活に必要な衣食住が充分足りてくると、はじめて真の名誉、恥辱がいかにあるべきかを知る。

註②　奉拝殿：戦前から戦中にかけて各小学校の校舎の一端に特別に設けられた神殿のような場所で、教育勅語が常置されていた。

註③　「仁」。孔子の「論語」に出てくることばで、「礼」に基づく自己の抑制と他者への思いやりで「忠」と「恕」の両面をもつこと。「義」は人間の行うべきすじみち、利害をすてて条理に従い、人道、公共の利ために尽くすこと。「礼」は社会の秩序を保つための生活規範。「智」はものごとを理解し、是非や善悪を弁別する心の作用。「信」は欺かぬこと。まこと。言を違わぬこと。

註④　啐啄：「啐」は鶏の卵が孵化する時、殻の中で雛がつつく音。「啄」は母鳥が殻をつつき破ること。すなわち、機を得て両者が相応ずること、あるいは逃したら、またと得難いよい時機を意味する。

註⑤　デモ・シカ先生：当時は教師の給与が低く、教師になる希望者が少なくて、一般企業に就職できない学生は「教師にでもなるか」とか「教師にしかなれないのか」とか言ったことから生れた言葉。

註⑥　先ず隗より始めよ（出典『中国古典名言事典』講談社）：どうすれば賢者を招くことができるかと燕の昭王に問われたときに郭隗が、「人を用いるなら、まずわたしから採用して下さい。私のような凡人を優遇することから始めれば「われわれはなおさらであろう」と天下の優秀な人材が集まってくるでしょう」と、進言したという中国の故事。これを現代の政治にあてはめてみて、議員が率先して国民に手本を示す必要性があることを述べた。

註⑦　ガリオア・エロア資金：〈占領地域統治救済資金Government and Relief in Occupied Areas〉（略称ガリオアGARIOA）と〈占領地域経済復興資金Economic Rehabilitation in Occupied Areas〉（略称エロアEROA）の総称。いずれも第二次大戦後、アメリカが占領地に対して与えた資金ないし援助である。ガリオアは主として疾病・飢餓を防いで社会不安を除き、もって占領行政を円滑ならしめる目的で、アメリカ政府の予算から一九四七～五〇年度（アメリカ会計年度）にかけて支出された。（世界大百科事典 第2版の解説より）

註⑧　ストック：「余り」とか「余剰」を意味する言葉。機械設備などは「資本ストック」といい、単純にストックという場合は金融資産のことを意味する。

註⑨　太平洋ベルト工業地帯：日本の主な工業都市は太平洋側を中心に発展した。当初は1北九州工業地帯　2阪神工業地帯　3京浜工業地帯が主であった。戦後は工業の発展と共に、それぞれの間で連携した瀬戸内工業地帯、中京工業地帯が発展してきた。

註⑩　ＡＢＣＤライン：ＡＢＣＤは、それぞれアメリカ（Ａｍｅｒｉｃａ）、イギリス（Ｂｒｉｔａｉｎ）、中国（Ｃｈｉｎａ）、オランダ（Ｄｕｔｃｈ）を指す。日本の軍事的台頭を制限するため、貿易制限を行った国々の頭文字からの名称である。

註⑪　人間万事塞翁が馬：『淮南子』にある中国の故事に由来することわざ。昔、中国北辺にあった要塞の近くに住んでいた老人の飼い馬が、あるいは逃げあるいは帰るする度に、翁の禍福が変転したという話にもとづき、禍が福になり福が禍となって定めがたいという意味。「人生は何事も塞翁の馬である」などという。

「塞上に近き人の、術を善くする者あり、馬、故なくして亡《に》げて胡に入る、人皆これを弔う、其の父曰わく、此れ何処福《なんぞさいわい》ならざらんやと、居ること数月、其の馬、胡の駿馬を将て帰る人智これを賀す。其の父曰わく、此れ何処禍いとならざらんやと、家、良馬に富む、其の子、騎を好み、堕ちて其の髀を折る、人皆これを弔う、其の父曰く、此れ何処福いとならざらんやと、居ること一年胡人大いに塞に入る、丁壮なる者は弦を引いて戦う、塞に近きの人、死する者十に九。此れ独り跛たるの故をもって、父子相保つ、ゆえに福の禍となり、禍の福となる、化極むべからず、深きこと測るべからざるなり。」

【著者略歴】

横地　日出男

昭和９年生まれ。元社会科教員で、福岡県北九州市立上津役《こうじゃく》中学校長を経て最後は洞北中学校第十三代校長で定年退職。現在は地元宗像市で子育て支援教育アドバイザーを務めるかたわら、全日本剣道連盟六段練士、書道師範としても活躍。

主な著書　現代教育科学『わかる授業をどうつくるか』（明治図書）

このままでは日本の国が危ない
―あなたの子・孫の時代を憂う―

平成28年10月27日　　初版発行

著　　　者　横地　日出男

発行・発売　創英社／三省堂書店

〒101-0051　東京都千代田区神田神保町1-1　三省堂書店ビル8F
Tel：03-3291-2295　Fax：03-3292-7687

印刷／製本　三省堂印刷株式会社

© Hideo Yokochi　2016 Printed in Japan
乱丁、落丁本はおとりかえいたします。定価はカバーに表示されています。

ISBN 978-4-88142-997-6　C0031